Matthias Pick

111 Orte in Jena, die man gesehen haben muss

111

emons:

Bibliografische Information der Deutschen Nationalbibliothek
Die Deutsche Nationalbibliothek verzeichnet diese Publikation in der Deutschen Nationalbibliografie; detaillierte bibliografische Daten sind im Internet über http://dnb.d-nb.de abrufbar.

MIX
Papier aus verantwortungsvollen Quellen
FSC® C083411

Layout: Eva Kraskes, nach einem Konzept
von Lübbeke | Naumann | Thoben
Kartografie: altancicek.design, www.altancicek.de
Kartenbasisinformationen aus Openstreetmap,
© OpenStreetMap-Mitwirkende, ODbL
Druck und Bindung: CPI – Clausen & Bosse, Leck
Printed in Germany 2018
ISBN 978-3-7408-0427-5
Originalausgabe

Vorwort

Während sich die Einwohner selbst noch streiten, ob wir in einer Stadt leben, die 100.000 Einwohner hat oder weniger, ob man nur die zählt, die ihren Hauptwohnsitz hier haben, oder auch die, die noch bei Mutti und Vati in Fulda gemeldet sind, ob 100.000 oder 98.475 – Jena ist eine Großstadt. Und trotzdem hat man nicht allzu selten das Gefühl, es sei eine Großstadt, die sich als idyllische Kleinstadt verkleidet hat. Sonntags ist von den tausenden Einwohnern nichts zu sehen. Am Abend sind Möglichkeiten zum Feiern zwar vorhanden, sogar richtig kultige und irgendwie sympathische Kaschemmen, doch eine Vielfalt der Optionen zum Weggehen sucht man vergebens. Zu Fuß ist man gefühlt schneller als mit der Straßenbahn, und der Ticketpreis ist inzwischen so hoch wie in Brüssel und teurer als in Madrid, Paris und Rom.

Was ist es dann, was an Jena so fasziniert? Es ist genau das, was dazwischen liegt, zwischen industrieller Großstadt mit dem ersten Hochhaus Deutschlands und der familiären Kleinstadt. Unzählige Parks, Grünflächen und Wälder laden ein zum Spazieren, die Berglandschaft des Tals bietet viele Möglichkeiten zum Wandern. In den unterschiedlichen Cafés lässt es sich romantisch frühstücken und beim Flanieren durch die Stadt kommt man stets in Berührung mit der präsenten Kunst im öffentlichen Raum. Das Stadtbild, durch die Studierenden geprägt, ist ein sehr junges. Das zeichnet eine besondere Willkommenskultur aus und ebnet den Widerstand gegen den Rechtsruck.

Jena ist nicht als Großstadt zu erkennen. Es ist klein, teuer, spießig und elitär. Es ist bunt, romantisch und ruhig. Es ist langsam – der ICE fährt nicht mehr und parken kann man auch nirgends. Es ist kreativ, es ist historisch. Es ist modern. Es ist Großstadt. Es ist Kleinstadt. Es ist zu Hause.

111 Orte

Waldpfad
Waldpfad

1 Der Abbe-Tempel

Gedenkhalle für eine bescheidene Persönlichkeit

Jena, der 30. Juli 1911. Es herrscht drückende Hitze. Ein Festzug zieht vom Teichgraben zum Volkshaus. Eine große Menschenmenge befindet sich auf dem Zeiss-Platz hinter der heutigen Goethe Galerie. Jena ist im Denkmalfieber, unter den Menschenmassen befinden sich auch Henry van de Velde, Architekt des Ernst-Abbe-Denkmals, sowie Max Klinger, der die Büste im Inneren entwarf. Vor über 100 Jahren wurde die an einen Tempel erinnernde Gedenkhalle eingeweiht. Heute würde sie mehr als eine Million Euro kosten.

Ernst Abbe ist am 14. Januar 1905 gestorben. Kurz nach seiner Beisetzung wurde der Wunsch der Öffentlichkeit immer lauter, dem Mann, der einen solch bedeutenden Anteil an der Geschichte dieser Stadt hatte, ein würdiges Denkmal zu errichten. Selten waren sich Akademiker und Arbeiter so einig wie bei diesem Thema. Abbe, der für seine Bescheidenheit bekannt war, hätte sich wahrscheinlich selbst gegen ein solch imposantes Denkmal ausgesprochen. Sein Nachfolger Siegfried Czapski teilte diese Einstellung zunächst. Doch schon bald gab er seinen Widerstand auf und unterstützte zuletzt sogar den Denkmalausschuss. Diesem ging es vor allem um Finanzierungsmöglichkeiten sowie die Findung geeigneter Architekten und Künstler. Als Erstes einigte man sich darauf, dass van de Velde den Tempel entwerfen sollte. Dieser brachte später Klinger für die Büste ins Gespräch und organisierte Abgüsse der vier Reliefs »Ernte, Industrie, Hafen und Bergwerk« des Künstlers Constantin Meunier von einem »Denkmal der Arbeit« in Brüssel. Von 1908 bis 1910 wurden 100.000 Mark gesammelt. Die Zeiss-Arbeiterschaft stiftete beinahe geschlossen einen Tageslohn zugunsten des Denkmals.

So konnte das symbolträchtige Werk am Zeiss-Platz entstehen, welches man als Dreieck aus Arbeit (das ehemalige Zeiss-Hauptwerk), Kultur (Volkshaus) und Besinnung (Abbe-Tempel) bezeichnet.

Adresse Carl-Zeiss-Platz 5, 07743 Jena-Zentrum | **ÖPNV** Tram 5, 33, 35, Haltestelle Ernst-Abbe-Platz; Bus 14, Haltestelle Volkshaus | **Öffnungszeiten** von außen durch große Glasfenster zu besichtigen, gelegentlich gibt es öffentliche Führungen durch das Innere, einen exklusiven Besuch kann man gegen Gebühr in der Tourist-Information vereinbaren | **Tipp** In der Nähe sind auch das Optische Museum und die Ernst-Abbe-Bücherei.

2 Die Albertus-Magnus-Statue

Was hat das Ganze mit Jena zu tun?

Albertus Magnus war im 13. Jahrhundert der erste große christliche Aristoteliker des Mittelalters und ein echter Weltenbummler. Geboren um 1200 in oder bei Lauingen an der Donau, ging er circa 20 Jahre später nach Italien, um dort Freie Künste, Medizin und Theologie zu studieren. Es folgten verschiedene Stellen als Lektor in Niederlassungen der Dominikaner. 1245 wurde er Magister der Theologie in Paris, 1248 zum Leiter des »Studium Generale« in Köln berufen. Zwischen 1263 und 1271 war Albertus Magnus praktisch immer auf Reisen, bis er seinen Weg zurück nach Köln fand. Dort arbeitete und lehrte er bis zu seinem Tod 1280. Doch was hat all das mit Jena zu tun?

Abgesehen von der Bedeutung seiner Persönlichkeit als Symbol für Lehre, Forschung und Philosophie erst mal nicht viel. Trotzdem steht eine übermenschlich große Skulptur von Albertus Magnus seit 1996 in Jena. Wer zufällig auch den Weg nach Köln, Bogotá und Houston in Texas findet, hat die Möglichkeit, seine vier identischen Brüder zu sehen. 1950 stellte die Stadt Köln den Antrag, eine Figur in Gedenken an Albertus Magnus zu errichten. 1956 wurde die von Gerhard Marcks entworfene Bronzeskulptur dann an der Universität Köln aufgestellt. Neun Jahre später zeigte die Universität in Bogotá in Kolumbien Interesse an dem Werk. Ein zweiter Guss von Albertus' Abbild steht seither auf dem Campus der Universidad de los Andes. 1970 wurde die zweite Kopie an der University of Houston School of Law aufgestellt.

16 Jahre später beendet Magnus seine posthume Weltreise an unserer Friedrich-Schiller-Universität Jena: 1996 wurde der vierte Guss als Leihgabe von der Tochter des Künstlers, Brigitte Marcks-Geck, veranlasst. Ihr Vater hatte jahrelang eine enge Beziehung zu Thüringen gepflegt und dies bereits in einigen anderen seiner Werke zum Ausdruck gebracht.

Adresse Fürstengraben 18, 07743 Jena-Zentrum | **ÖPNV** Tram 1, 4, 34 oder Bus 15, Haltestelle Universität | **Tipp** Danach auf ein leckeres Stück Kuchen ins Café Sinnenreich in der Ballhausgasse (geöffnet Mi, Fr ab 14 Uhr).

3 Die Alte Saalebrücke

Von der Furt zur beliebten Fußgängerbrücke

Auch in Burgau gibt es ein paar romantische und besondere Plätze zum Entspannen. Nach einem kleinen Spaziergang vom Burgaupark oder von Alt-Lobeda aus kommt man zum bekannten Wehr. Neben Binderburg, Flößerstube und Strandbar gibt es hier die Alte Saalebrücke Jena-Burgau zu entdecken.

Reisen wir ein paar hundert Jahre zurück. Die Saale teilte sich in drei Arme, und die bekannten Handelswege umgingen die feuchte Niederung, so gut es ging. Einer dieser Arme trennte Burgau von Lobeda. Die beiden Orte waren aber wirtschaftlich verbunden, und so musste auch eine physische Verbindung her.

Nachdem die Saalefurt den Ansprüchen nicht mehr gerecht werden konnte, wurde im 15. Jahrhundert mit einem Knüppeldamm und einer Holzbrücke ein Übergang geschaffen. Um diese Verbindung buchstäblich zu stabilisieren, begann 1491 der Umbau in eine Steinbogenbrücke durch Hans Münch von Würghausen. 1534 vollendet, wurde die Brücke knapp 100 Jahre später im Dreißigjährigen Krieg zerstört. Nach dem Wiederaufbau 1706 und einigen Umbauten hatte sie bereits 1744 den Aufbau und das Aussehen, wie wir sie heute kennen. Am 12. April 1945 wurden jedoch drei Bögen durch die Wehrmacht gesprengt und über die Jahrzehnte nicht wiederaufgebaut. Ein kompletter Abbruch kam vonseiten der Bürger nicht in Frage, und so begann man, nachdem sich 1992 der »Verein zur Rettung der alten Saalebrücke Jena-Burgau e. V.« gegründet hatte, 2001 mit dem Wiederaufbau der zerstörten Bögen. Seit der feierlichen Freigabe am 3. Oktober 2004 misst die Fuß- und Radwegbrücke mit ihren neun Bögen eine Länge von 142,50 Meter.

Besonders romantisch ist es bei Sonnenuntergang unter den Bögen auf der Lobedaer Seite. Einfach neben der Brücke Richtung Ufer laufen. Hier kann man seine Füße im flachen Wasser erfrischen und das Lichtspiel auf der Oberfläche zwischen den Pflanzen genießen.

Adresse Göschwitzer Straße 11, 07745 Jena-Burgau | **ÖPNV** Tram 1, 3, 35, Haltestelle Alte Burgauer Brücke | **Tipp** Danach kann man am Saalebogen Richtung Lobeda-West spazieren oder »Am Wehr« was Leckeres essen.

4 Die Alte Wucherey

Vom Studentenwohnheim zur Gerichtsmedizin

Schlendert man den Fürstengraben entlang, weil man sich das Ernst-Abbe-Denkmal mit seiner berühmten Formel zum Auflösungsvermögen optischer Instrumente anschauen will, entdeckt man vielleicht dahinter ein sehr interessantes Gebäude. Lost-Places-Fans sollten aber die Füße still halten – auch wenn es auf den ersten Blick nicht so aussieht, in diesem über 200 Jahre alten Haus wird Hochleistungsforschung betrieben und vielleicht gerade in diesem Moment ein wichtiger Todeszeitraum bestimmt.

Das imposante Gebäude wurde 1790 durch die Familie Wucherer erbaut. Johann Friedrich Wucherer wirkte in Jena von 1717 bis 1737 als Professor der Physik und seit 1730 auch der Theologie. Er ließ das Gebäude aus mehreren kleinen Häusern zu einem Ganzen zusammenfügen und vermietete es an Studenten. Der Name Wucherey war unter den Studierenden genauso geläufig wie der scherzhaft vergebene Beiname Klein-Altdorf. Man sagte dem Gebäude nach, dass hier mehr Studenten wohnen würden, als in Klein-Altdorf (bei Nürnberg) studierten. Zum 300. Jubiläum 1858 kaufte die Universität Jena das Gebäude. Mit Auditorium, Hörsälen, Senatssaal und Dekanat wurde das spätklassizistische Haus zum Kollegiengebäude umgebaut und ab 1861 zum Hauptgebäude der Universität. Und auch nach dem Umzug Anfang des 20. Jahrhunderts in das neue Hauptgebäude blieb die Wucherey im Dienst der Universität: 1908 zog die neu gegründete Anstalt für Gerichtliche Medizin und Naturwissenschaftliche Kriminalistik hier ein.

Leider ist die Nordfassade inzwischen in keinem sehr guten Zustand. Zumindest das Geländer der doppelläufigen Freitreppe wurde in den 1970er Jahren nach Originalteilen nachgegossen. Auch wenn man es beim Betrachten des Gebäudes kaum für möglich halten mag, im Inneren wird Rechtsmedizin auf hohem Niveau betrieben. So wurden in der Wucherey beispielsweise neue Verfahren zur Todeszeitbestimmung entwickelt.

Adresse Fürstengraben 23, 07743 Jena-Zentrum | **ÖPNV** Tram 5, 33, 35, Haltestelle Holzmarkt; Tram 1, 2, 3, 4, 34, Haltestelle Löbdergraben; Bus 10, 11, 12, 14, 15, 16, Haltestelle Teichgraben | **Öffnungszeiten** nur von außen zu besichtigen | **Tipp** Entlang des Fürstengrabens stehen allerhand Denkmäler und Büsten verschiedener Personen, die eine Bedeutung in der Geschichte Jenas oder der Universität haben. Ein schöner kleiner Spaziergang in die Vergangenheit.

5 Der Anatomieturm

Ich hab ihn entdeckt! Nein, ich hab ihn entdeckt!

Von Jenas historischer Stadtmauer ist nicht mehr viel übrig. Ein bedeutsamer Teil steht genau zwischen Löbdergraben und Teichgraben. Der Anatomieturm ist neben dem Roten Turm, dem Pulverturm und dem Turm des Stadtschlosses einer der vier Ecktürme jener alten Mauer. Fragt man in Jena nach besagtem Turm, dann wird man mit Sicherheit eine der berühmtesten Mythen der Stadt zu hören bekommen.

Der heute nur noch als Ruine erhaltene Rundturm bildete den südwestlichen Eckpunkt der Stadtmauer. Was wir heute besichtigen können, ist der Sockel, auf dem einst ein anatomisches Theater errichtet war. Mehrere Holzbankreihen umgaben einen Leichentisch, auf dem zu medizinischen Lehr- und Forschungszwecken präparatorische Demonstrationen durchgeführt wurden. Hohe Fenster spendeten genügend Tageslicht, und die erhöhte Lage sorgte für ausreichend Diskretion. Im März 1784 forschten Johann Wolfgang von Goethe und der Chirurg Justus Christian Loder im Anatomieturm an einem menschlichen Embryo und entdeckten dabei den Zwischenkieferknochen. – So der Mythos, der sich in Jena wacker hält. Und während hier noch diskutiert wird, ob nun Goethe, Loder oder am Ende beide in gemeinsamer Arbeit den Knochen entdeckt haben, ist eigentlich inzwischen bekannt, dass er schon zuvor mehrfach beschrieben wurde. Zuletzt durch den Arzt Félix Vicq d'Azyr um 1780. Bereits in der Mitte des 2. Jahrhunderts äußerte der Anatom Galenos, dass auch der Mensch einen Zwischenkieferknochen besitze, was aber 1543 durch den Anatom Besal verneint wurde, womit eine 200 Jahre andauernde Diskussion begann.

Wer diesen Knochen wann gefunden hat, spielt für den Anatomieturm aber keine große Rolle. Wichtig zu wissen ist, dass Goethe hier anatomische Forschungen betrieben hat und der Ort somit auch für die wissenschaftliche Geschichte Jenas eine große Rolle spielt.

Adresse Ecke Teichgraben / Leutragraben, 07743 Jena-Zentrum | **ÖPNV** Tram 5, 33, 35, Haltestelle Ernst-Abbe-Platz; Bus 10, 11, 12, 14, 15, 16, Haltestelle Teichgraben | **Öffnungszeiten** nur von außen zu besichtigen | **Tipp** Schon mal auf der Aussichtsplattform vom Jentower gewesen? Der ist nicht zu übersehen.

6 Die Antikensammlungen

Von der Faszination antiker Kunst

Wer schon einmal am Ernst-Abbe-Platz gewesen ist, konnte sicher die antiken Skulpturen durch die Fenster entdecken. Mich haben diese weißen Plastiken als Kind stark beeindruckt und ein gesteigertes Interesse für die griechische Mythologie geweckt. Seit Mai 2012 ist die sehr repräsentative Antikensammlung in der Carl-Pulfrich-Straße zu finden. Sie vereint Stücke aus allen wesentlichen klassisch antiken Kunstlandschaften. Auch international herausragende Sammlungskomplexe befinden sich im Inventar, zum Beispiel Objekte des italienischen Sammlers Cavaliere Giovanni Pietro Campana (attische Vasen, etruskische Keramik), Ankäufe des Jenaer Altphilologen Carl Wilhelm Göttling (Jenaer Maler, Weihgeschenke aus Olympia, Bronzen) und verschiedene Einzelobjekte.

Bereits ab 1846 war die Sammlung Teil des Archäologischen Museums der Universität Jena. Nachdem sie den Zweiten Weltkrieg glücklicherweise unbeschadet überstanden hatte, musste sie aufgrund von Platzmangel im Jahr 1962 geschlossen werden.

Heute ist die Antikensammlung jedoch ein fester Bestandteil der Universität und wird regelmäßig für Lehrveranstaltungen der klassischen Archäologie genutzt. Hier erhalten Studierende im Rahmen von Übungen und Praktika die Möglichkeit, am Original anstelle von Fotos zum Beispiel das Datieren von antiken Skulpturen zu lernen. Und sogar ihre Abschlussarbeiten über Teile der Sammlung zu verfassen.

2018 eröffnete eine weitere Museumslocation der Antikensammlung am Fürstengraben 25. Unter anderem bieten zwei Kellergewölbe ausreichend Platz für Sonderausstellungen.

Auch universitätsübergreifend wird in der Antikensammlung gearbeitet. Und so finden vor allem in den Ferien museumspädagogische Workshops und Veranstaltungen in den Räumlichkeiten statt, um auch Kinder zum Staunen zu bringen. So, wie ich früher gestaunt habe.

Adresse Sammlung Antiker Kleinkunst, Carl-Pulfrich-Straße 2, 07745 Jena-Süd | **ÖPNV** Bus 10, 11, 12, Haltestelle Gustav-Fischer-Straße | **Öffnungszeiten** Führungen und Besuch auf Anfrage, Tel. 03641/944827 | **Tipp** Wer danach noch Lust auf Klettern hat, findet direkt um die Ecke die »Plan B Boulderhalle« (täglich 10 – 23 Uhr geöffnet, Tel. 03641/2787596).

7 Die Badewanne mit Ausblick

Einmal im Schaumbad in der Wanne über Jena blicken

Mit 31 Stockwerken, 1.456 Fenstern, 33 Meter Durchmesser und einer Höhe von 144,5 Metern (159,6 Meter inklusive Technikaufbauten) ist es das höchste Bürogebäude der neuen Bundesländer. Von Uniturm bis Keksrolle, von Intershop Tower bis Jentower, der berühmte Turm hat viele Namen. Inzwischen ist das Bürogebäude, welches derzeit auf Platz 21 der höchsten Gebäude Deutschlands gelistet ist, Shopping-Center, beherbergt Restaurants und ein Hotel und war jahrelang die Heimat der Fernsehanstalt des Regionalsenders Jena TV.

Bereits in den 60er Jahren wurde Hermann Henselmann damit beauftragt, das Stadtbild Jenas um einen Turm zu erweitern. Das geplante Bürogebäude, welches ein Fernrohr symbolisieren sollte, war als Forschungszentrum für Carl Zeiss geplant. Nach der Grundsteinlegung 1970 wurde die »Keksrolle« 1972 eingeweiht. Inzwischen bestand bei Carl Zeiss kein Bedarf mehr an der Nutzung des »Fernrohrs«, und so übernahm die Friedrich Schiller Universität das Gebäude. 1995 verließ die Universität den Turm, und der Eigentümer, das Land Thüringen, verkaufte das Gebäude zu einem symbolischen Preis von einer Mark. 1999 wurde die »Keksrolle« grundlegend umgebaut und mit einer neuen Glasfassade das äußere Erscheinungsbild modernisiert. Neben einem Einkaufszentrum am Sockel wurde der Tower um zwei neue Stockwerke erweitert. Besucher können nun auf der 360-Grad-Aussichtsetage den phantastischen Blick genießen oder im Scala zu Abend essen.

Das Panoramarestaurant in 120 Meter Höhe eröffnete 2012 sein eigenes Hotel. Neben 16 Einzel- und Doppelzimmern ist die Juniorsuite ein absolutes Highlight. Eine frei stehende Badewanne mit Panoramablick macht das Zimmer zu etwas Besonderem. Nach einem Aufenthalt mit Sprudelbad und einer Nacht in 120 Meter Höhe kann man von sich sagen, in Deutschlands zweithöchstem und Thüringens höchstem Hotel genächtigt zu haben.

Adresse Leutragraben 1, 07743 Jena-Zentrum | ÖPNV Tram 5, 33, 35, Haltestelle Ernst-Abbe-Platz; Bus 10, 11, 12, 14, 15, 16, Haltestelle Teichgraben | Öffnungszeiten Scala Restaurant: Mo–Fr 7–10 und 12–23 Uhr; Aussichtsplattform Mo–Sa 10–23 Uhr, So 10–21 Uhr | Tipp Ein Besuch im Restaurant oder auf der Aussichtsplattform ist auch nach 100 Mal noch nicht langweilig. Richtig romantisch und exklusiv ist es aber in der Hochzeitssuite.

8 Die Bastion

Bald hört keiner mehr ihre Geschichten

Im Sommer durch starken Bewuchs leicht zu übersehen, wundern sich Spaziergänger und Radfahrer im Herbst und Winter über ein kleines, aber massives Bauwerk am Saaleufer vor der Camsdorfer Brücke. Scheinbar eine Art sehr alte Terrasse. Wer nun diese mit etlichen eingemeißelten Jahreszahlen und Zeichen versehene Terrasse betritt, steht auf einem wahrlich historischen Bauwerk. Es ist ein Teil des Vorgängerbaus der heutigen Camsdorfer Brücke. Ursprünglich aus fünf Bögen bestehend, soll diese, einer Legende nach, teurer gewesen sein als der Kirchturm.

Die wichtige Verbindung zwischen Camsdorf und Wenigenjena wurde um 1480 errichtet. Sie war 5,60 Meter breit – zu schmal für die Anforderungen des 20. Jahrhunderts, zumal es eine Straßenbahnlinie über die Brücke geben sollte. Beim Abbruch der über 400 Jahre alten Brücke 1912 hat man sich bemüht, einige der Steine, vor allem Gedenksteine, zu erhalten. Das so entstandene Bauwerk wird »Bastion« genannt. Die kleine Festung erinnert an den Anfang einer Brücke, endet jedoch unvermittelt an einer Mauer.

Die eingemeißelten Inschriften gedenken verschiedener Ereignisse. In einem der Steine sind zwei Hufeisen zu finden. Ein verfolgter Ritter konnte sich von hier durch einen Sprung in die Saale retten. Die Brücke ist nicht sehr hoch gewesen, und so gelang ihm die Flucht, wohingegen das Pferd dabei ums Leben kam. Eine weitere Inschrift erinnert an den Dreißigjährigen Krieg (1618 – 1648). Auch an Jena ging dieser nicht spurlos vorbei. Im Jahre 1637 zogen die Schweden durch die Stadt, plünderten und mordeten. Um ihnen den Weg über die Camsdorfer Brücke abzuschneiden, wurden zwei der fünf Pfeiler gesprengt. Dabei kamen 36 Menschen ums Leben.

Zahlreiche Geschichten sind in den Inschriften der Bastion zu finden. Schade, dass dieses Bauwerk zunehmend in Vergessenheit gerät, ist es doch ein unglaublicher Zeitzeuge.

Adresse vom Zentrum aus rechts der Camsdorfer Brücke am Saaleufer, 07743 Jena-Zentrum | **ÖPNV** Tram 2, Bus 15, Haltestelle Steinweg | **Tipp** Das »Erbe« der Bastion lohnt einen Blick: die Camsdorfer Brücke.

9 Der Bau 15

Deutschlands erstes (nicht so hohes) Hochhaus

Zum Essen, Bahnfahren, Studieren oder um von A nach B zu kommen, besuchen täglich viele Menschen den Ernst-Abbe-Platz. Wer hier Sushi essen geht oder vor ein paar Jahren die Bachelorarbeit drucken ließ, ist sich sicher nicht bewusst, in was für einem bedeutsamen Gebäude er sich befindet.

Hochhäuser findet man in jeder großen Stadt. Gerade zu Beginn des 20. Jahrhunderts gab es ein regelrechtes Wettrennen um Höhe. In Deutschland war der Hochhausbau allerdings nicht so einfach wie in den USA, die man sich gern zum Vorbild nahm. Brandschutzgesetze erlaubten nur eine maximale Höhe von 22 Metern für das letzte bewohnte Geschoss. Grund dafür war die begrenzte Reichweite der Feuerwehrleitern. Friedrich Pützer plante 1905 für die Darmstädter Firma Merck einen Turm als Büro- und Wohngebäude. Mit fünf Nutzgeschossen wurde die Grenze von 22 Metern eingehalten, und mit seinem Steildach und Uhrturm kam das Haus dennoch auf stolze 40 Meter.

Als erstes Hochhaus Deutschlands sollte jedoch ein anderes Gebäude in die Geschichte eingehen. Carl Zeiss engagierte 1915 ebenfalls Pützer, um ein beeindruckendes zehnstöckiges Produktionsgebäude zu errichten. Optische Instrumente gewannen zu Zeiten des Ersten Weltkriegs schnell an Wichtigkeit. Mit 102 Metern geplant, sollte der Stahlskelettbau aber letztendlich »nur« eine Höhe von knapp 43 Metern erreichen. Aus dem monumentalen Fabrikgebäude wurde ein Hochhaus, was es trotz der reduzierten Maße so in Deutschland noch nicht gegeben hatte – der Bau 15. Zwei getrennte Zugänge sorgten für Sicherheit, so wurden erste Grundlagen für den Brandschutz in Hochhäusern geschaffen.

1916/17 konnte Deutschlands erstes frei stehendes Hochhaus in Betrieb genommen werden. Im Zweiten Weltkrieg wurde es schwer beschädigt und brannte fast vollständig aus. Im sanierten Bau 15 befinden sich heute Büros, Restaurants und Wohnungen.

Adresse Ernst-Abbe-Platz 5, 07743 Jena-Zentrum | **ÖPNV** Tram 5, 33, 35, Haltestelle Ernst-Abbe-Platz | **Tipp** Wer sich zum Betrachten an einen der vermeintlichen Schrotthaufen gesetzt hat, sollte sich den einmal genauer anschauen.

10 Die Beton-Aktenordner

Kalter und massiver Aufbewahrungszwang

Auf dem ehemaligen Standort der Kreisdienststelle des Ministeriums für Staatssicherheit stapeln sich Hunderte Aktenkartons: aus kaltem und massivem Beton.

2009 jährte sich der Tag der friedlichen Revolution zum 20. Mal. Um diesem wichtigen Teil der Geschichte ein Zeichen zu setzen, schrieb die Stadt Jena einen Wettbewerb aus. Ein beachtliches Denkmal für die Verfolgten von 1945 bis 1989 sollte entstehen. Bereits im Herbst 2002 war der Deutsch-Amerikaner und gebürtige Jenenser Karl-Heinz Johannsmeier mit dem Anliegen an die Stadt herangetreten, ein Denkmal für die Opfer des SED-Regimes stiften zu wollen. Seinem Wunsch folgte eine langwierige und umfangreiche Diskussion über Standort, Inhalt und Form des Denkmals und auch über das Gedenken selbst. Jahre vergingen, Vorschläge wurden von beiden Seiten gemacht, aber stets abgelehnt, und so blieb eine Einigung aus. 2009 bekannte man sich mittels eines Stadtratsbeschlusses aber endlich zur Errichtung eines Denkmals.

Der Entwurf für dieses Denkmal stammt von der Jenenser Künstlerin Sybille Mania. Sie hatte 2009 einen Entwurf zur Gestaltung vorgelegt, der allerdings von Johannsmeier abgelehnt wurde. Gegen viele weitere Einsendungen konnte sich Mania jedoch 2009 mit einem neuen Entwurf im Wettbewerb durchsetzen: Ein Würfel mit 20 Säulen aus Aktenordnern von jeweils zwei Meter Höhe, dicht nebeneinander gestapelt, versinnbildlicht den Aufbewahrungszwang des DDR-Staatssicherheitssystems. An zwei Seiten des Kunstwerks befinden sich Keramikplatten mit verschiedenen Eintragungen, Namen und Daten zu historischen Ereignissen von Repression, Verfolgung und politischem Widerstand.

Auf der Bodenplatte ist folgende Widmung eingestanzt. »All denen, deren Menschenwürde verletzt wurde, den Verfolgten, die gegen kommunistische Diktatur aufrecht für Demokratie und Menschenrechte einstanden. 1945–1989.«

Adresse Gerbergasse, 07743 Jena-Zentrum | **ÖPNV** Tram 1, 4, 34 oder Bus 15, Haltestelle Universität | **Tipp** Es lohnt ein Blick in die unscheinbare, aber empfehlenswerte Tagesbar »LIEBSTÖcKEL« (geöffnet Mo–Fr ab 7.30 Uhr bis zum Nachmittag).

11 Die Bibliothek Lobeda

Unsere Sonnen

Bibliotheken können wirklich für jeden etwas Tolles bieten. Seitdem sich die Ernst-Abbe-Bücherei – die Jenaer Stadtbibliothek – auch stark medial orientiert hat, ist hier von Videospielen und CDs über DVDs bis zu Blu-Rays der Katalog für Serien und Filme stark vergrößert worden. Viele Bürger nutzen jeden freien Tag, um der Stadtbibliothek einen Besuch abzustatten und Geliehenes zurückzugeben und Neues mitzunehmen. Früher natürlich an der Theke, heute scannt man seine Fundstücke selber ein. Die Bücherei – längst kein Ort mehr, von dem man nur mit angestaubten Büchern nach Hause geht. Zu Zeiten von Streaming eine attraktive und »handfeste« Alternative.

In den 70er Jahren, als der Wohnungsbau – und damit auch die Bevölkerung – stark anstieg, wurde auch der Bildung eine große Rolle beigemessen. Neben vielen anderen Freizeiteinrichtungen entstand in Lobeda-Ost eine Kinderbibliothek. Das öffentliche Gebäude als Zentrum für Bildung und Kultur sollte bereits aus der Ferne sichtbar sein. Für die künstlerische Gestaltung der Fassade wurde das Thema »Unsere Sonnen« vorgegeben und Joachim Kuhlmann aus Leipzig für die Umsetzung engagiert.

Als zentralen Punkt des Naturstein-Mosaiks sehen wir die Sonne. Kinder und Phantasiegestalten tanzen beschwingt um sie herum, fröhlich und heiter werfen sie die Arme in die Höhe. Das Mosaik vermittelt eine fröhliche Stimmung. Die Spirale im unteren Drittel des Bildes hat eine große Bedeutung: Sie symbolisiert die Unendlichkeit. Die Reise der Seele, von außen nach innen, von innen nach außen. Aus dem Leben und wieder zum Leben zurück.

Heute ist die Einrichtung keine reine Kinderbibliothek mehr. Als Stadtteilbibliothek ist sie Zweigstelle der Jenaer Ernst-Abbe-Bücherei und lädt nun Groß und Klein zum Stöbern in Büchern, Comics, Spielen, CDs und Filmen ein. Außerdem befindet sich auch eine Musik- und Kunstschule im Gebäude.

Adresse Platanenstraße 4, 07747 Jena-Neulobeda | ÖPNV Tram 3, 5, 34, 35, Haltestelle Platanenstraße | Öffnungszeiten Mo, Di 10–12 und 13–18 Uhr, Mi–Fr 13–18 Uhr | Tipp Von hier kann man sie bereits sehen und auch problemlos »erklimmen«: die Ruine der Leuchtenburg.

12 Die Bierlatte-Gedenktafel

Vom ewigen Studenten Friedrich W. Demelius

Die besonderen weißen Gedenktafeln aus getünchtem Zinkblech an Jenas Häuserfassaden gehören seit 1858 zum Stadtbild. Die ersten wurden auf Initiative des Physikers Hermann Schaeffer angebracht. Sie gedenken bedeutender Persönlichkeiten, die einst in dem jeweiligen Haus gelebt haben. Noch im selben Jahr wurden bereits 218 Tafeln aufgehängt. Zwei Drittel waren damals für Professoren bestimmt, ein Drittel für Studenten, die eine besondere Karriere einschlugen, sowie für Besucher oder solche, die über einen gewissen Zeitraum Jena ihre Heimat nannten.

Die Tafeln haben ein typisches Design: schwarze Schrift auf weißem Grund, Name, Beruf oder Funktion, Zeitraum des Aufenthalts in Jena und meist die Lebensdaten. In der Ballhausgasse kann man jedoch eine Tafel finden, die keiner anderen gleicht – weiße Schrift auf grünem Grund: »F. W. Demelius, vulgo Latte stud.nihil. 1827–1873, *1801 † 1874«. Wer war Friedrich Wilhelm Demelius, und was hat er getan?

Er war ein kultiger Student, der über mehrere Jahrzehnte in Jena eingeschrieben war. Ganze 16 Semester soll er mehr oder weniger aktiv studiert haben. Erst Medizin, dann Psychologie, Theologie und Geschichte. Zwar ist 1834 sein letztes in den Akten der Universität verzeichnetes Semester, einen Abschluss in einem der erwähnten Fächer hat er jedoch nicht gemacht. Die Universität verwehrte ihm ein Fortsetzen seines Studiums, und so verbrachte er seine Freizeit in Jenas Kneipen, was ihm den eigenwilligen Namen »Bierlatte« oder kurz »Latte« einbrachte. Etwas Gutes hatte seine lange Studienzeit aber doch. Denn zeitweise verdiente Demelius sein Geld damit, Kopien seiner Aufzeichnungen zu verkaufen.

Nach seinem Tod fertigten ihm Studenten zum Scherz eine eigene Gedenktafel aus Holz an. Sie hing über 100 Jahre an seinem ehemaligen Wohnhaus, bevor sie 1979 von Theologiestudenten rundum erneuert wurde.

Adresse Ecke Ballhausgasse / Zwätzengasse, 07743 Jena-Zentrum | **ÖPNV** Tram 1, 4, 34 oder Bus 15, Haltestelle Universität | **Tipp** Ein Abendessen im über 500 Jahre alten Gasthof »Schwarzer Bär«? Das ist gleich auf der anderen Seite der Ballhausgasse.

13 Die Binderburg

Ein unscheinbarer, aber besonderer Ort

Die eindrucksvolle Burgauer Brücke direkt am Wehr ist ein schönes Ziel für einen kleinen Ausflug. Nach einem Spaziergang bietet es sich an, hier noch etwas Leckeres zu essen oder ein Glas kalte Cola zu trinken. Beim entspannten Betrachten der Umgebung sticht ein besonderes Gebäude schnell heraus. Eine kleine Burg auf dem Hügel in imposanter Lage.

Der wettinische Sitz Niederburg wurde als Schloss Burgau 1305 erstmalig erwähnt. 1451 wurde die gesamte Anlage im Sächsischen Bruderkrieg zerstört und leider nur in kleinerem Umfang bis 1510 wiederaufgebaut. Da die Burg 1753 als baufällig deklariert wurde, musste sie bis auf die Grundmauern abgetragen werden. Die verbliebenen baulichen Reste wurden gesichert. Der noch in Abschnitten erhaltene Graben zeigt die Überbleibsel der Befestigung der alten Burg. Er schließt den kleinen Bergsporn nach Westen ab und setzt diesen in einem kleinen Nordhang nach Osten fort. 2007 fand man Teile einer alten Brückenrampe und eines weiteren Gebäudes.

Zwischen 1906 und 1910 errichtete der Architektur-Professor Adolph Binder auf dem Schlossberg die bis heute existierende Binderburg. Nach der Flucht der Familie im Jahr 1949 nach Westdeutschland wurde die Burg von der staatlichen Wohnungsverwaltung vermietet, zerfiel in dieser Zeit aber zunehmend. Nach der Wende ging die Burg zurück an die Familie Binder, die sie 2003 an den Physiker Michael Willsch verkaufte. Es folgte eine schrittweise, umfangreiche und zumeist in Eigenleistung vorgenommene Sanierung, bei der die Wandbemalungen erhalten blieben.

Seitdem wird die Burg teilweise für Veranstaltungen, Seminare oder Ausstellungen genutzt. Regelmäßig öffnen sich zu Stadtteilfesten ihre Pforten für Besichtigungen und kleine Führungen für interessierte Besucher. Aber auch aus der Distanz vom Wehr aus gesehen ist die Burg einer dieser unscheinbaren, aber besonderen Orte Jenas.

Adresse 07745 Jena-Burgau, von der Göschwitzer Straße 11 aus entlang des Bachs spazieren | **ÖPNV** Tram 1, 3, 35, Haltestelle Alte Burgauer Brücke | **Öffnungszeiten** bei Veranstaltungen, sonst nur von außen zu besichtigen | **Tipp** Danach noch ein bisschen am Bach weiterspazieren. Kleine Wiesenflächen und Bänke laden zum romantischen Picknick am Abend ein.

14 Der Chatschkar

Ein Unikat zum täglichen Gedenken

1,5 Millionen Menschen. Das ist beinahe die 15-fache Zahl der Jenaer Bevölkerung. Das ist mehr als die 115-fache Menge an Besuchern, die in das Ernst-Abbe-Stadion passen. So viele Menschen wurden beim Völkermord an den Armeniern hingerichtet. Es wird niemals einen Zeitpunkt geben, an dem der Schrecken dieses Verbrechens abnimmt, schon gar nicht, wenn dieser Genozid von der Türkei selbst noch immer nicht anerkannt wird. Im April 2015, als sich dieser Völkermord zum 100. Mal jährte, ging Jena einen Schritt in Richtung Erinnerungskultur. Als einzige Stadt in Deutschland hing vor der Stadtverwaltung die armenische Flagge auf Halbmast.

Am 24. April 1915 wurden armenische Honoratioren aus Istanbul deportiert. Dieses Ereignis sollte sich zum ersten großen Völkermord des 20. Jahrhunderts ausweiten. Als Bündnispartner des Osmanischen Reichs im Ersten Weltkrieg trägt Deutschland eine Mitschuld an diesem unfassbaren Verbrechen.

Ein Konzert mit Werken armenischer Künstler, dirigiert von Ruben Gazarian, gilt als Höhepunkt der Gedenkfeier im April 2015. Ein Jahr später wurde an der Camsdorfer Brücke ein Gedenkstein aufgestellt. Der in Armenien hergestellte und kunstvoll verzierte Kreuzstein mit traditionellen Ornamenten wurde vom armenischen Geschäftsmann Paul Guloglou in Auftrag gegeben und gestiftet, um täglich mahnend an den Genozid zu erinnern, der Vorbild für ähnliche Verbrechen in der Geschichte zu sein scheint. Kreuzsteine, oder Chatschkar, gehören bereits seit Jahrhunderten zur armenischen Kultur. Als Gedenkstein und Kunstwerk ist dieser Stein ein Unikat. Die Symbole stehen unter anderem für Leben, Menschlichkeit und Liebe.

Der Jenaer Chatschkar ist der fünfte bundesweit. Die Erinnerungskultur muss eine Selbstverständlichkeit sein, gerade in einer Zeit, in der man sich fragt, ob die Menschheit aus der Geschichte nichts gelernt hat.

Adresse 07743 Jena-Zentrum, vom Zentrum aus am Anfang der Camsdorfer Brücke auf der linken Seite | ÖPNV Tram 2, Bus 15, Haltestelle Steinweg | Tipp Um noch ein wenig in den eigenen Gedanken zu versinken, bieten sich die Saaleufer für schöne Spaziergänge an.

15 Der Circus MoMoLo

Sozialer Zirkus ohne Tiere und Nummernrevue

Wenn man bei den bekannten Online-Karten-Diensten nach Routen sucht, verschlägt es einen manchmal an alle möglichen Ecken Jenas. Über einen Fleck stolpert man dabei vielleicht ganz unerwartet. Mitten im Paradiespark kann man einen blau-weißen Kreisel entdecken, knallig wie ein Dauerlutscher. Dieses große bunte Zelt ist ein wichtiger und besonderer Ort im Jenaer Stadtbild.

Im Oktober 2006 gründeten drei Sozial- und Zirkuspädagogen die offene und altersgemischte Zirkuswerkstatt in Jena-Lobeda. Friedemann Ziepert ist Initiator und Leiter des Circus MoMoLo. Seit 2013 befindet sich nun das große Zirkuszelt, das 300 Zuschauer fasst, am Saaleufer. Über 200 Kinder und Jugendliche kommen regelmäßig zum Circus MoMoLo, um zu trainieren. »Neuer Zirkus« heißt das Konzept, welches auf Details und Geschichte setzt. Tiere gibt es nicht und einzelne Nummern ebenso wenig. Stattdessen entsteht jedes Jahr ein Stück, an dem bis zu 100 Darsteller beteiligt sind. So werden verschiedene Kunstformen der Zeit zu einer Geschichte verbunden. MoMoLo ist ein sozialer Zirkus, alle Kinder können teilnehmen. Hier wird ihnen nicht nur Freude an Bewegung, sondern auch Geschicklichkeit vermittelt. Die Trainer veranstalten zudem Projektwochen an Jenaer Schulen.

Die jahrelange Arbeit trägt inzwischen Früchte. Jugendliche, die einst im MoMoLo angefangen haben, sind inzwischen selbst zu Trainern geworden. Artistik, Bewegung, Kunst, Kultur, Bildung, Treffpunkt, Freunde, Familie und Werkstatt: Teilnehmer aus verschiedenen sozialen Milieus zusammenzubringen, ein internationales Denken zu fördern und einen vertrauten Ort zu schaffen sind die Ziele des Zirkus.

Gefördert wird MoMoLo durch JenaKultur und durch das Land Thüringen. Von der Drosos Stiftung erhält er seit 2017 Unterstützung. Der Blick ins Programm lohnt sich, der Weg zum Zelt noch viel mehr.

Adresse Burgauer Weg 9a, 07745 Jena-Kernberge | **ÖPNV** Tram 2, Haltestelle Mühlenstraße | **Öffnungszeiten** Programm auf www.momolo.de | **Tipp** Auch wenn kein Spiel stattfindet, lohnt sich ein Spaziergang um den Komplex des Stadions direkt auf der anderen Seite der Saale.

16 Das Cosmorama

Ein bedeutendes technisches Denkmal

Einen Besuch in Jenas größtem Einkaufszentrum, der Goethe Galerie, verbindet man natürlich in erster Linie mit Shopping. Durch Schuhe, Bücher, Deko-Artikel, Kleidung, Parfüms, Elektronik, Lebensmittel und viele andere Dinge kann man hier stöbern. Auch für das leibliche Wohl ist gesorgt. Doch kaum zu übersehen ist die große Besonderheit der Goethe Galerie: ein technisches Denkmal, welches man eigentlich an anderer Stelle erwarten würde.

Gerade für Touristen, aber auch für Einheimische ist einer der attraktivsten Orte Jenas das Zeiss-Planetarium im Damenviertel. Mit seiner Eröffnung 1926 ist es das betriebsälteste Planetarium der Welt. Seit über 90 Jahren haben Besucher hier die Möglichkeit, den Sternen und Planeten des Weltraums so nahe zu kommen, wie es unter normalen Umständen eben möglich ist. Das technische Gerät, das dies ermöglicht, ist der Sternenprojektor. In der Mitte stehend projiziert er den Sternenhimmel an die Decke der Kuppel des Planetariums.

Dank dem Unternehmen Carl Zeiss hat Jena seit Beginn des 20. Jahrhunderts die Führung in der Entwicklung und Innovation der Sternenprojektoren übernommen. Die Arbeit daran stand nie still. Ein wichtiges Symbol dieser Geschichte können die Besucher der Goethe Galerie bestaunen. Direkt am Eingang, vom Carl-Zeiss-Platz kommend, steht das Cosmorama, ein riesiger blauer Sternenprojektor. Das technische Denkmal war der dritte von insgesamt vier Sternenprojektoren des Zeiss-Planetariums und von 1985 bis 1996 das Nonplusultra dieser Technologie. Bis 1996 noch im Einsatz, wurde der hantelförmige Projektor durch eine neue Technologie ersetzt und fand seinen Weg als Erinnerungsstück in das neu eröffnete Einkaufszentrum. Doch ist das Cosmorama keineswegs ein stilles Denkmal. Neben zahlreichen Informationstafeln und historischen Fotografien gibt es auch eine Audioinstallation, welche interessante Informationen rund um den Sternenprojektor liefert.

Adresse Goethestraße 3, 07743 Jena-Zentrum | ÖPNV Tram 5, 33, 35, Haltestelle Ernst-Abbe-Platz; Bus 10, 11, 12, 14, 15, 16, Haltestelle Teichgraben | Öffnungszeiten täglich 9–20 Uhr | Tipp Das Einkaufszentrum selbst hat noch ein bisschen länger auf. Am besten, man schnappt sich vor Schließung unten ein paar Sushirollen to go und wartet, bis sich der Einkaufstrubel gelegt hat, dann hat man genügend Muße, sich dem Cosmorama zu widmen. Sonntags ist die Galerie trotz geschlossener Geschäfte offen.

17 Der Curt-Unckel-Gedenkstein

Wer ist das? Und was bedeutet Nimuendajú?

Wenn man durch die Pfade der Oberaue schlendert, kann es passieren, dass man plötzlich vor einem Gedenkstein steht. Seit 1965 steht dieser Gedenkstein in Jena, erst in der Haeckelstraße, 1980 wurde er in den Paradiespark umgesetzt. Doch wer war Curt Unckel Nimuendajú eigentlich?

1883 in der Wagnergasse 31 geboren, verließ er 1903 nach einer Lehre zum Feinmechaniker bei Carl Zeiss seine Heimatstadt und wanderte nach Brasilien aus. Schon als Kind zeigte er sich sehr begeistert von den Lehren des Naturforschers Ernst Haeckel und bewunderte die indigene Bevölkerung Amerikas.

Die folgenden zwei Jahre eignete sich Unckel ethnografische Grundkenntnisse an. 1905 folgte dann ein erstes Treffen mit den Apapocúva-Guarani. Unckel fand zunehmend Anschluss bei dem indigenen Volk, lebte mit ihnen, heiratete eine Stammesangehörige und erhielt die brasilianische Staatsbürgerschaft. Den Beinamen Nimuendajú bekam Unckel von den Apapocúva-Guarani, er bedeutet so viel wie »Der sich bei uns eine Hütte baut«. Ein besonderer Name und ein Zeichen dafür, dass er einer von ihnen geworden war. Deutschland besuchte Unckel nur noch ein einziges Mal. Seine Heimatstadt Jena aber verließ er 1903 für immer.

Die nächsten 40 Jahre nach seiner Auswanderung lebte Unckel bei mehreren indigenen Völkern. Er interessierte sich für die verschiedenen Bräuche, Rituale, Lebensweisen und ihren Glauben. Der Großteil seiner Forschung galt jedoch der Sprache. Unckel beherrschte über 20 indigene Sprachen und hinterließ unzählige Forschungsergebnisse, die zu großen Teilen noch nicht aufgearbeitet sind.

Neben dem Stein im Paradiespark ehrt ihn eine Gedenktafel an seinem Wohnhaus in der Wagnergasse 31. Außerdem würdigt ihn eine Straße unterhalb des Westbahnhofs, parallel zur Ernst-Haeckel-Straße.

Adresse Seidelpark, 07749 Jena-Kernberge, gleich hinter dem Märchenbrunnen | ÖPNV Tram 1, 4, 5, Haltestelle Jenertal | Tipp Der Spaziergang zu den zwei Brunnen (Märchenbrunnen und Froschkönig-Brunnen) lohnt sich nicht nur für Kinder.

18 Del.Corazón

Der persönliche Kontakt zum Produkt

»Del Corazón« heißt von Herzen. Und dass dieser außergewöhnliche Laden direkt am Markt in Jena wirklich eine Herzensangelegenheit ist, das spürt man in jedem Fall. Swen Gottschalk war in Berlin unterwegs, und die bekannten Einkaufszentren waren dabei das erste Shopping-Ziel. Viele lieben das konzentrierte Einkaufen mit unendlicher Auswahl. Doch gibt es auch genügend Menschen, die dessen sehr überdrüssig sind: Gottschalk ist einer davon. Er wollte lieber die kleinen Läden, neue Labels und kreative Ideen. Das Erlebnis in Berlin motivierte ihn, in Jena ein Konzept zu erschaffen, bei dem nicht das Produkt das Ziel sein sollte, sondern die Erfahrung, jenes zu finden.

Im August 2006 ist es dann so weit. Mit gerade mal 22 Jahren eröffnet Swen Gottschalk gemeinsam mit Sabine Weber und Dan Schröder als GbR das Del.Corazón. Neben Mode sind Schmuck, Wohnaccessoires und kreative Produkte kleinerer Labels im Repertoire des Ladens. Eine Entscheidung ist dabei maßgebend: Auf Online-Handel wird verzichtet, der persönliche Kontakt zum Geschäft und zum Produkt soll im Vordergrund stehen.

Zehn Jahre später, Gottschalk ist inzwischen alleiniger Geschäftsführer, schließt der Laden. Aber nicht, weil er nicht läuft, sondern weil man das Konzept umstellen will, sich erweitern und noch weiter ans »Herz« heranrücken. Nach nur einem Monat eröffnet das Del. Corazón im September 2016 neu. Eine Gastronomie ist nun Teil des Gesamtkonzepts. Neben Kaffeespezialitäten, Modegetränken und Suppen steht das belegte Brot mit außergewöhnlichen und nachhaltigen Aufstrichen im Vordergrund. Nach dem Komplettumbau umfasst der Laden inzwischen 200 Quadratmeter auf zwei Etagen.

Auch die Stadt Jena als Standort seines Ladens liegt Swen Gottschalk sehr am Herzen. Seit 2017 ist er im Vorstand des neu gegründeten Vereins »Initiative Innenstadt Jena« für eine Aufwertung des Stadtzentrums.

Adresse Markt 2, 07743 Jena-Zentrum | ÖPNV Tram 5, 33, 35, Haltestelle Holzmarkt; Tram 1, 2, 3, 4, 34, Haltestelle Löbdergraben; Bus 10, 11, 12, 14, 15, 16, Haltestelle Teichgraben | Öffnungszeiten Mo – Fr 10 – 20 Uhr, Sa 10 – 18 Uhr | Tipp Hier ist man mitten im Stadtzentrum: Lasst es krachen! Japanische Nudeln, italienische Pizza, deutsche Kartoffel. Stadtmuseum, Kaffeerösterei und jede Menge Goethe und Schiller – alles nur wenige Meter entfernt.

19_Das Denkmal für Carl Zeiss

Alles Gute zum 200. Geburtstag

Jena ist eine ausgesprochen geschichtsträchtige Stadt. Viele große Namen finden sich in ihrer Ahnenreihe – Johann Wolfgang von Goethe, Friedrich Schiller, Ernst Haeckel, Franz Liszt, Ernst Abbe und natürlich auch Carl Zeiss. Im Stadtbild taucht der Name des Mechanikers und Unternehmers sehr häufig auf. Neben der Carl-Zeiss-Straße gibt es die Carl-Zeiss-Promenade, den Carl-Zeiss-Platz, das Zeiss-Planetarium, die Wohnungsgesellschaft Carl Zeiss, das Zeiss-Gymnasium und natürlich den Fußballverein FC Carl Zeiss Jena. Man kommt kaum an Zeiss vorbei, doch ein Denkmal hat es über lange Zeit nicht gegeben.

Das sollte sich 2017 jedoch ändern. Die eigens gegründete Bürgerinitiative »Ein Denkmal für Carl Zeiss« startete ehrenamtlich im Frühjahr 2016 damit, konkrete Vorstellungen zur Ausführung, zum Standort, zur Finanzierung, zu den künftigen Eigentumsverhältnissen und zum Zeitplan zu entwickeln. Als Ort wurde der Johannisplatz ausgewählt. Für solch ein wichtiges Denkmal eine sehr attraktive und geeignete Stelle, schließlich trifft hier die Wagnergasse auf die Bachstraße – ein Knotenpunkt für Besucher und Einheimische. Der Johannisplatz steckte während der Planung mitten in der Neugestaltung, ein guter Zeitpunkt, mit dem Denkmal in die Planung zu gehen. Ungeklärt war jedoch die Finanzierung. Vor über 100 Jahren wurde der Abbe-Tempel bereits durch Spenden finanziert, und so entschied man sich, für Zeiss den gleichen Weg zu gehen. Über 400 Einzelspender sammelten über 46.000 Euro, um das Denkmal zu realisieren. Gefertigt wurde die Carl-Zeiss-Plastik von Klaus-Dieter Locke aus Bad Berka. Locke hatte bereits die Statue von Ernst Abbe vor dem Planetarium entworfen. Kurz nach Zeiss' 200. Geburtstag bekam Jena nun endlich das Denkmal des Mannes, der wichtig für die Stadtgeschichte ist.

Adresse Johannisplatz, 07743 Jena-Zentrum | **ÖPNV** Bus 16, Haltestelle Johannisplatz | **Tipp** Die besten Milchshakes gibt es im »Cheers« direkt gegenüber. Danach noch einen Burger und eine Vanille Coke. ACHTUNG! Nicht umrühren.

20 Die Dichter-Laufschrift

Worte einer bedeutenden Freundschaft

»Sobald ich mich von Jena entferne, werde ich gleich von einer andern Polarität angezogen, die mich denn wieder eine Weile festhält. Ich hatte mehr als eine Veranlassung, nach Weimar zurückzukehren, und bin nun hier, um des Herzogs Ankunft zu erwarten und wieder auf eine Weile Verschiedenes zu ordnen und einzulenken; indessen denke ich, daß ich heute über acht Tage wieder bei Ihnen seyn werde.«

Schlendert man über den Markt, auf dem Weg der ersten Begegnung und des ersten Gesprächs Johann Wolfgang von Goethes und Friedrich Schillers, welches Goethe selbst als »glückliches Ereignis« bezeichnen sollte, kann man die Geschichtsträchtigkeit dieser 31 Meter förmlich spüren. Die 60 Messingplatten mit stilisierten Blättern im Straßenpflaster sind aber nicht das Einzige, was an diesen Höhepunkt der deutschen Klassik erinnert (siehe Ort 66). Nachdem sie die wenigen Meter gemeinsam geschlendert waren, standen die beiden Herren noch eine ganze Weile ins Gespräch vertieft vor Schillers Wohnhaus. Beim Abschied freuen sie sich »auf eine öftere Auswechslung von Ideen«. Schiller ist glücklich, dass es zu diesem Treffen gekommen ist, und schreibt Goethe bald einen Brief. Dieser sollte der Start eines regelmäßigen Austauschs sein, der über 200 Jahre später am Haus Unterm Markt 1 eine neue Form der Darstellung fand.

Seit 2008 sind hier die gesammelten und von Goethe selbst edierten Briefe in einer 30 Meter langen LED-Laufschrift nachzulesen. Direkt am Markt kann man sich für eine Weile auf eine der Bänke setzen, um zu verweilen und sich durch die Worte Goethes und Schillers in die Vergangenheit ziehen zu lassen.

»Da ich gar nichts bei mir habe, sondern alles in Jena zurückgeblieben ist, so musste ich mich in meine alten Papiere zurückziehen und habe allerlei gefunden, das wenigstens als Stoff uns zunächst noch dienen kann.« Aus dem 483. Brief Goethes an Schiller. Weimar, den 24. Juni 1798.

Adresse Unterm Markt 1, 07743 Jena-Zentrum | ÖPNV Tram 5, 33, 35, Haltestelle Holzmarkt; Tram 1, 2, 3, 4, 34, Haltestelle Löbdergraben; Bus 10, 11, 12, 14, 15, 16, Haltestelle Teichgraben | Tipp Mit einem Kaffee oder einem kühlen Getränk kann man sich am späteren Abend, wenn nicht mehr allzu viel los ist, in aller Ruhe die Leuchtschrift ansehen. Im Sommer kann man auch zu späterer Stunde noch vor dem Kartoffelhaus sitzen und etwas Leckeres essen (täglich 11 – 23 Uhr).

21 Der Domaschk-Hörsaal

Eine Mahnung an junge Menschen

Wer schon mal mit einer Karten-App über Jena »geflogen« ist, dem ist oberhalb der Wagnergasse sicher der Begriff »Domaschk-Hörsaal« aufgefallen. Wenn man mit der Universität nicht viel zu tun hat, kann man sich ein solches Gebäude nur schwer vorstellen. Ist es eine kleine Villa? Oder ein großer Komplex? Wer sich dann auf den Weg macht, sich das Haus anzuschauen und herauszufinden, warum es diesen Namen trägt, erwartet vielleicht ein kleines Universitätsgebäude. Beim Suchen des Hörsaals gerät man jedoch schnell ins Staunen. Ein riesiges historisches Haus baut sich vor einem auf.

Über einen Anstieg links und rechts oder über lange Treppen in der Mitte kommt man zum Eingang. Eine Gedenktafel klärt über den ursprünglichen Zweck des beeindruckenden Gebäudes auf: »1933–1945 / In diesem Gebäude verurteilten das thüringische Oberlandesgericht und faschistische Sondergerichte zahlreiche Kommunisten und Antifaschisten. / Die Opfer triumphierten trotz alledem!«

1876 entwarf der Oberbaudirektor des Großherzogtums Sachsen-Weimar-Eisenach Carl Heinrich Ferdinand Streichhan den Neubau des Oberlandesgerichtes, welcher 1880 bezogen wurde. Heute wird das Haus von der Universität genutzt. Seit dem 5. Dezember 2009 trägt das geschichtsträchtige Gebäude den Namen Domaschk-Hörsaal. Domaschk war ein wichtiger Vertreter der Bürgerrechtsbewegung der DDR und Opfer der Stasi. Sein Tod am 12. April 1981 ist bis heute ungeklärt, die offizielle Todesursache Suizid wird angezweifelt. Die Umbenennung wurde auf Initiative des Studierendenrates veranlasst. Sie soll »als Mahnung und Aufruf an junge Menschen gesehen werden, vorgefundene Dinge nicht als gegeben hinzunehmen und die Gesellschaft und ihre Ordnungen zu hinterfragen«.

Das Gebäude in der August-Bebel-Straße 4 ist damit ein wichtiger Zeitzeuge und ein Mahnmal für zwei Epochen in der Geschichte, die es nicht zu wiederholen gilt.

Adresse August-Bebel-Straße 4, 07743 Jena-West | ÖPNV Bus 16, Haltestelle Am Steiger | Öffnungszeiten nur von außen zu besichtigen | Tipp Auf der August-Bebel-Straße gibt es einige interessante Häuser und Villen zu sehen. Wenn man die einmal runtergelaufen ist, kann man an der Neutra zurück Richtung Stadtzentrum gehen und sich die »Wall of Fame« anschauen (siehe Ort 105).

22 Draco

Wer fällt dem siebenköpfigen Drachen zum Opfer?

»Und sie war schwanger und schrie in Kindesnöten und hatte große Qual zur Geburt. Und es erschien ein anderes Zeichen im Himmel, und siehe, ein großer roter Drache, der hatte sieben Häupter und zehn Hörner und auf seinen Häuptern sieben Kronen; und sein Schwanz zog den dritten Teil der Sterne des Himmels hinweg und warf sie auf die Erde. Und der Drache trat vor das Weib, die gebären sollte, auf dass, wenn sie geboren hätte, er ihr Kind fräße.«

Diese schauderhaften Zeilen findet man im 13. Kapitel der Offenbarung des Johannes. Schauderhaft war es früher auch für einige Bürger Jenas.

Man stelle sich vor, dass man eines Abends nach einem anstrengenden Arbeitstag das Abendessen zu sich genommen hat. Man ist gerade dabei, die letzten Kerzen auszupusten, um sich dann für die Nachtruhe ins Bett zu begeben. Doch vor dem Auspusten der letzten Kerze klopft es an der Tür. Ein ohrenbetäubend lautes und tiefes Klopfen, das einen nach dem kurzen, aber heftigen Schreck zittern lässt. Doch beim Öffnen der Tür kommt die Horrorvorstellung erst zu ihrem Höhepunkt. Ein furchterregender siebenköpfiger Drache steht plötzlich in der finsteren Nacht. Wenn man diesen Schreck überlebt hat und nach kurzer Ohnmacht wieder erwacht, kommt man mit Sicherheit zu der Erkenntnis, einem perfiden Streich Jenaer Studenten zum Opfer gefallen zu sein.

Draco ist eines der Sieben Wunder Jenas. Anfang des 16. Jahrhunderts wurde die furchterregende Drachenstatue aus echten Tierknochen, Draht und Pappmaschee mit sieben Köpfen, vier Beinen, zwei Armen und vier Schwänzen von Jenaer Studenten angefertigt. Wie oben beschrieben wurde der Drache vor Türen aufgestellt, um den Bewohnern des Hauses nach Klopfen einen großen Schrecken einzujagen. Auch Betrunkene fielen dem Draco im Morgengrauen zum Opfer. Die Originalskulptur des Drachen ist im Stadtmuseum Jenas zu bewundern. Na dann: Gute Nacht.

Adresse Stadtmuseum, Markt 7, 07743 Jena-Zentrum | ÖPNV Tram 5, 33, 35, Haltestelle Holzmarkt; Tram 1, 2, 3, 4, 34, Haltestelle Löbdergraben; Bus 10, 11, 12, 14, 15, 16, Haltestelle Teichgraben | Öffnungszeiten Di, Mi, Fr 10–17 Uhr, Do 15–22 Uhr, Sa, So 11–18 Uhr | Tipp Draco steht im Inforaum zu den »7 Wundern Jenas« gleich rechts hinter dem Eingang. Der Raum ist kostenfrei zu besichtigen. Es steht aber außer Frage, dass es sich lohnt, die gesamte Ausstellung zu betrachten. Die Geschichte der Stadt ist wunderbar veranschaulicht und sehr interessant.

23 Die drei Hänse

Vom Kloß, der das Ende der Welt bedeutet

Es gibt viele Gründe, auf dem Markt in Jena zu sein. Um einen entspannten Kaffee zu genießen, um einfach durch das Stadtzentrum zu schlendern, um gezielt von A nach B zu kommen, sich Tickets oder allgemeine Infos in der Tourist-Information zu holen. Aber wieso sieht man regelmäßig einzelne Personen oder ganze Gruppen mitten auf dem Markt vor dem Rathaus stehen, die ihre Köpfe ganz weit nach oben recken? Man kann buchstäblich die Uhr danach stellen – denn zu jeder vollen Stunde wird hier der Schnapphans aktiv.

Die hagere Gestalt, auch Caput genannt, versucht dort immer wieder, einen Kloß zu fangen, den ein Pilger, links vom Hans stehend, an einem langen Stab in seinen Händen hält. Rechts neben dem hungrigen Hans steht ein Engel mit einer Glocke in den Händen, welche sich im Viertelstundentakt bewegt. Der Legende nach wird unsere Stadt untergehen, wenn der Schnapphans Erfolg hat und sich den goldenen Kloß schnappt.

Die erheiternde, aber irgendwie auch düstere Spieluhr um den Hans aus Jena ist eines der Sieben Wunder der Stadt. Laut Aufzeichnungen zählt Caput bereits seit dem 16. Jahrhundert zu Jenas Merkwürdigkeiten, jedoch befindet er sich erst seit Mitte des 18. Jahrhunderts an besagter Rathausuhr.

Der Schnapphans, den wir heute beim Kloßfangen am Rathaus beobachten können, ist allerdings nur eine Kopie von 1969. Wer den originalen Caput sehen möchte, muss aber nur ein paar Meter weiter in das Stadtmuseum Göhre gehen. Neben Informationen zu allen Sieben Wundern der Stadt, kann man sich dort nicht nur den echten Schnapphans anschauen, sondern auch eine weitere Kopie mit Münzeinwurf. Interessierte haben so die Möglichkeit, die Spieluhr ganz aus der Nähe zu betrachten und zu schauen, wie sie funktioniert (Vorsicht: bissig!).

So lecker er auch sein mag, hoffen wir natürlich, dass der Hans aus Jena niemals in den Genuss des Thüringer Kloßes kommen wird.

Adresse Markt 7, 07743 Jena-Zentrum | **ÖPNV** Tram 5, 33, 35, Haltestelle Holzmarkt; Tram 1, 2, 3, 4, 34, Haltestelle Löbdergraben; Bus 10, 11, 12, 14, 15, 16, Haltestelle Teichgraben | **Öffnungszeiten** Stadtmuseum Di, Mi, Fr 10–17 Uhr, Do 15–22 Uhr, Sa, So 11–18 Uhr | **Tipp** Nachhaltiges und gesundes Essen und »grüne« Lifestyle-Produkte gibt es bei »Green and Friends« (geöffnet Mo–Fr 10–17 Uhr, Sa 9–21 Uhr).

24 Der Edelhof

Von Menschen und Gemäuern

Jörg und Ulrike Schneidereit haben sich 2010 ein neues Projekt gesucht. Projekt ist wohl das richtige Wort, denn das Ehepaar investiert seit langer Zeit viel Arbeit in die Sanierung alter Gemäuer. Ein Herzensprojekt war dabei ein normannischer Wohnturm in Irland. Mit viel Engagement, Geduld und Mühe machten sie diesen wieder bewohnbar und bauten drei weitere, kleine Fachwerkhäuser an. Die Jahre vergingen, und es zog die beiden wieder zurück in ihre Heimat, nach Jena. Das neue Projekt ist nun der Edelhof im Stadtteil Ziegenhain.

Das Gebäude steht unter Denkmalschutz und zählt zu den ältesten bestehenden Häusern in Jena. Mit viel Leidenschaft, unerschöpflicher Kreativität und Liebe zum Detail arbeitet das Ehepaar am Edelhof. Das Besondere an dem Gebäude ist das aufwendige Dachtragewerk mit einer Kombination aus Hängewerk, stehendem und liegendem Stuhl. Ein weiteres Highlight sind ein großer Gewölbekeller mit gotischen Portalen, vermutlich aus dem 14. Jahrhundert, und der 70 Quadratmeter große, reich ornamentierte Rittersaal im Obergeschoss.

Die Bedeutung des Edelhofs liegt vor allem in seiner Historie, die ganze Bände füllen könnte. Die ältesten datierten Holzbauteile, welche sich im Untergeschoss befinden, sind von 1476. Weitere Bauteile aus den Jahren 1608, 1718 und 1790 weisen auf mehrere Umbauten hin. Der steinerne Kern im Kellergeschoss und dem wesentlichen Teil des Erdgeschosses dürfte jedoch weitaus älter sein. Das Gebäude war wesentlich größer und bildete vermutlich die Wohn- und Lebensbasis für die Burggrafen von Kirchberg.

Nach sieben Jahren sind die Pforten des Edelhofs nun am Tag des offenen Denkmals regelmäßig für interessierte Besucher geöffnet. Ein »Fertig!« wird es laut den Schneidereits wohl nicht geben. Die Restaurierung des Edelhofs ist ein fließender Prozess, der die Dauer eines Menschenlebens bei Weitem übersteigt.

Adresse Edelhofgasse 18, 07749 Jena-Ziegenhain | **ÖPNV** Bus 16, Haltestelle Ziegenhainer Tal | **Öffnungszeiten** bei Veranstaltungen, sonst nur von außen zu besichtigen | **Tipp** Von hier spaziert es sich sehr angenehm zum Fuchsturm. Der Legende nach ist er der Zeigefinger eines Riesen, außerdem ist er eins von Jenas Stadtwundern. Auf dem Finger hat man einen tollen Blick über die Stadt.

25 Die Eisenbahnbrücke

Fernweh und funkelnde Augen

Es geht schon eine eigenartige Faszination von Zügen aus. Während die meisten das Fahren mit der »Eisenbahn« als notwendiges Übel hinnehmen, um zur Arbeit und wieder nach Hause zu kommen, ist für andere ein großes Vergnügen damit verbunden. Wieder andere steigen nur sehr selten in einen Zug, nämlich dann, wenn eine historische Lok auf Tour geht. Und dann gibt es noch die, die sich in aller Früh zu einem Bahnhof aufmachen, um aus allen möglichen und unmöglichen Winkeln Tausende Fotos von vorbeifahrenden Zügen zu schießen. Und bei Kindern reicht manchmal schon irgendein vorbeifahrender oder stehender Zug aus, um ein Leuchten in ihre Augen zu zaubern.

Seit dem 29. Juni 1876 halten Züge am Bahnhof Jena West, der bis 1924 noch Jena Weimar-Geraer Bahnhof hieß. Am selben Tag wurde die Strecke Weimar-Gera eröffnet. Das Bahnhofsgebäude am Streckenkilometer 22,59 steht zwar erst seit 1878, ist dafür aber in seiner grundlegenden Form bis heute erhalten. Einige Änderungen gab es natürlich, so wurde der Lokschuppen nach Stilllegung zum beliebten Club Kassablanca umfunktioniert. Der Bahnhof Jena West ist mit durchschnittlich 5.000 bis 20.000 täglichen Fahrgästen der meistfrequentierte in Jena und das, obwohl er nur zwei Gleise für zwei Richtungen hat. Sogar eine Straßenbahn fuhr von 1901 bis 1963 vom Saalbahnhof bis zum Westbahnhof. Die Buswendeschleife der Linie 15 ist ein Relikt aus dieser Zeit.

Wer eine der oben genannten Faszinationen teilt oder einfach Fernweh verspürt und abseits vom Trubel des Bahnhofs Züge beobachten möchte, der kann an einem besonderen Ort in Jena diesem Wunsch nachgehen: Auf der kleinen Brücke am Forstweg kann man sich ganz in Ruhe die vorbeifahrenden Züge anschauen. Auch wenn die Brücke selbst auf den ersten Blick gar nicht so spannend sein mag, so können vor allem die jungen Zugbewunderer durch Gucklöcher einen tollen Blick auf die Gleise, vorbeirauschende Züge und ins Saaletal ergattern.

Adresse Forstweg 23, 07745 Jena-West | **ÖPNV** Bus 10, 11, 12, 15, Haltestelle Westbahnhofstraße | **Tipp** Ein paar skurrile Plastiken von Stefan Pirschalik gibt es am Hauseingang Forstweg 1. Direkt in der Nähe zu sehen: »Haus Pirschalik«.

26 Der Engelplatz

Wo die Zuschauer im Bühnenhaus sitzen

Parken und Jena: Diese zwei Begriffe lösen unter den Einwohnern heftiges Augenrollen aus. Wenn nicht gerade die Kulturarena stattfindet, ist der Engelplatz direkt vor dem Theater ein beliebter und zentraler Ort zum Parken. Doch wieso ist dieser Platz eigentlich frei? Vor einigen Jahren sah der Engelplatz noch ganz anders aus.

Die Kultur ist schon seit dem Mittelalter ein fester Bestandteil des Jenaer Stadtlebens. Neben fahrenden Künstlern zeigten auch Klöster und Kirchen verschiedene Kulturbeiträge. Beispielsweise auch das Karmelitenkloster, das bis 1655 am heutigen Engelplatz stand. Im 18. Jahrhundert wurde das Theaterspielen genehmigungspflichtig, und die Jenaer überforderten die Behörden mit zahlreichen Anträgen. So wurde um 1800 das Theaterspielen ganz verboten. Natürlich wurde dieses Verbot permanent unterlaufen, man spielte weiterhin, unter anderem auch im Gasthaus »Zum goldenen Engel«. Im Hinterhof dieses Gasthauses bekam Jena dann dank einer privaten Initiative um 1872 sein Theaterhaus.

Die folgende Geschichte des Gebäudes könnte mehrere Bücher füllen. Private Schicksale, Hochs und Tiefs, verschiedene Besitzer, Visionäre, Kulturförderer, Umbauten, der Zweite Weltkrieg, Konzepte und Besitzer formten es zu einem geschichtsträchtigen Haus. 1987 allerdings ist in dieser langen Historie ein besonders wichtiges Jahr. Die gefeierte und längst fällige Neugestaltung des Zuschauerhauses wurde im Januar mit dessen Abriss begonnen – und wegen finanzieller Engpässe im Februar gestoppt.

Das übrig gebliebene knallrote Bühnenhaus ist das renommierte Theaterhaus, wie es bis heute am Engelplatz steht. Dass das Publikum nun quasi, orientiert man sich am Originalbau, von der Seite auf die Bühne schaut, macht den Bühnenbau einzigartig. Die Geschichte hat das Theaterhaus geprägt, die moderne Theatersprache Jenas ist bundesweit bekannt und ein wichtiger Bestandteil der Theaterwelt.

Adresse Schillergässchen 1, 07743 Jena-Zentrum | ÖPNV Tram 5, 33, 35, Haltestelle Holzmarkt; Tram 1, 2, 3, 4, 34, Haltestelle Löbdergraben; Bus 10, 11, 12, 14, 15, 16, Haltestelle Teichgraben | Tipp Der Vorplatz wird mit regelmäßigen Projekten in den Theaterbetrieb einbezogen. Ganz besonders aufregend wird es im Sommer zur jährlichen »Kulturarena«. Bei den etlichen Konzerten, Filmen und anderen Veranstaltungen ist mit Sicherheit für jeden was dabei.

27 Der Epitaph für Luther

Eine lange posthume Reise

»Am 18. Februar 1546 ist der hochwürdige Mann, Martin Luther, Doktor der Theologie, der standhaft, auch im Augenblick seines Todes bezeugte, daß für die Kirche die Lehre wahr und nötig sei, welche er gelehrt hatte, und der seine Seele für Gott im Glauben an unseren Herrn Jesum Christum verzehrte, aus diesem sterblichen Leben im 63. Lebensjahr abberufen worden.«

Martin Luther, der nicht unumstrittene Reformator, ist eine weitere bekannte Persönlichkeit in der Geschichte Jenas. Zwischen 1522 und 1537 war er mehrere Male zu Gast. Er predigte in der Stadtkirche und führte Gespräche mit den Reformatoren Karlstadt und Huldrych Zwingli. Die Stadt gilt als einer der wichtigsten Orte in der Geschichte der lutherischen Bibel, deren Herausgeber Luthers Schüler Georg Rörer war. Auch die Universität ist ein Ergebnis der Reformation. Schon kurz nach Luthers Tod, um den sogar Gerüchte kursierten, dass er sich umgebracht oder der Teufel selbst ihn geholt habe, wurde eine bronzene Grabplatte mit dem Abbild Luthers in Auftrag gegeben, die den Ort seiner letzten Ruhestätte in der Wittenberger Schlosskirche bezeichnen sollte. Kurz nach Fertigstellung der Platte 1548 kam es zu einigen Machtkämpfen und Wechseln der Kurfürsten. Dies führte dazu, dass sich der nun amtierende Kurfürst der geforderten Bezahlung der Platte widersetzte. Der Transport kam bis Weimar und stockte dann für lange Zeit. Erst 1571 konnte die Situation durch Herzog Johann Wilhelm bereinigt werden. Dieser schenkte die Platte der Universität Jena, die sie eigentlich in der Kollegienkirche aufstellen wollte. Provisorisch brachte man die Grabplatte jedoch in die St.-Michaels-Kirche, wo sie sich noch heute befindet.

Erst 1872 schuf man einen weiteren Abguss für die Wittenberger Schlosskirche, den ursprünglichen Bestimmungsort. So gibt es in Jena und in Wittenberg heute jeweils eine Grabplatte für Martin Luther.

Adresse St.-Michaels-Kirche, Kirchplatz 1, 07743 Jena-Zentrum | **ÖPNV** Tram 5, 33, 35, Haltestelle Holzmarkt; Tram 1, 2, 3, 4, 34, Haltestelle Löbdergraben; Bus 10, 11, 12, 14, 15, 16, Haltestelle Teichgraben | **Öffnungszeiten** außerhalb der Gottesdienste: Mo 12–17 Uhr, Di–Sa 10–17 Uhr | **Tipp** Vielleicht ein wenig skurril, aber ein Gang zur Toilette der Stadtkirche lohnt sich. Denn beim Verrichten der Bedürfnisse sitzt man direkt im hohen und historischen Gemäuer.

28 Ergo Bibamus

Wer auf Fässern reitet, muss mit dem Teufel rechnen

»Die Gläser, sie klingen, Gespräche, sie ruhn, Beherziget Ergo Bibamus! Das heißt noch ein altes, ein tüchtiges Wort: Es passet zum ersten und passet so fort, Und schallet ein Echo vom festlichen Ort, Ein herrliches Ergo Bibamus.« So heißt es in Goethes Gedicht von 1810 mit dem Titel »Ergo Bibamus«, welches der Lieblingsausspruch von Papst Martin IV. gewesen sein soll.

Während des Jenaer Brauermarktes 1983 entstand die Idee, eine Skulptur zu erschaffen, welche an das Akademische Brau- und Schankrecht aus dem Jahre 1548, an das Rosenprivilegium vom 21. Mai 1570 für die Schankstatt »Zur Rosen« und an das von 1594 bis 1903 bestehende Akademische Brauhaus am Collegium Jenense erinnern sollte.

Nach dreijähriger Planung wurde »Ergo Bibamus« auf dem Standort des ehemaligen Brauhauses der Universität im Brunnen neben dem Anatomieturm aufgestellt. Ein trinkender Student reitet auf einem Bierfass. Bestens gelaunt blickt er in die Ferne, als hätte er noch gar nicht mitbekommen, dass eine Teufelsgestalt, vielleicht der Bierteufel, aus jenem Fass hervorkommt. Erstellt wurde die Skulptur vom Jenaer Künstler Freimut Drewello.

2000 war dann aber erst mal Schluss mit dem Fassreiten. Da die Skulptur aus Kunststoff angefertigt wurde, war das Material spröde geworden. Der Bibamus musste weichen. Eine neue und robustere Skulptur sollte her, und so initiierte man 2005 eine Spendensammlung, um eine Bronzeplastik am Eingang der Wagnergasse direkt am Kaffeehaus Gräfe aufzustellen. Hier pulsiert das studentische Leben, und so kann weiterhin eine Verbindung zum historischen Akademischen Brauhaus am Collegium Jenense hergestellt werden.

Noch im gleichen Jahr wurde die Plastik angefertigt und am neuen Standort aufgestellt. Eine Tafel am Sockel der Skulptur dankt den Initiatoren und Sponsoren, die die Realisierung möglich gemacht haben.

Adresse Johannisplatz 7, 07743 Jena-Zentrum | **ÖPNV** Tram 5, 33, 35, Haltestelle Ernst-Abbe-Platz; Tram 1, 2, 3, 4, 34, Haltestelle Löbdergraben; Bus 10, 11, 12, 14, 15, 16, Haltestelle Teichgraben | **Tipp** Unglaubliche Torten und leckeres Frühstück gibt es im altehrwürdigen Kaffeehaus Gräfe gleich nebenan (täglich geöffnet von 9–18 Uhr).

29 __ Der Erlkönig

Erreicht den Hof mit Müh und Not …

»Wer reitet so spät durch Nacht und Wind? Es ist der Vater mit seinem Kind.« Man wird kaum jemanden finden, dem diese Zeilen nicht geläufig sind. Die Ballade von Johann Wolfgang von Goethe aus dem Jahr 1782 gehört zu seinen bekanntesten Werken, und Jena spielt in der Geschichte der Ballade eine große Rolle.

»Er hat den Knaben wohl in dem Arm, Er faßt ihn sicher, er hält ihn warm.« Im Gasthof »Zur Grünen Tanne« an der Camsdorfer Brücke direkt am Saaleufer soll Goethe auf die Geschichte eines Bauernsohns gestoßen sein, der sein krankes Kind von Kunitz nach Jena zu einem Arzt an der Universität gebracht haben soll. Inspiriert von dieser Legende schrieb Goethe im Erkerfenster des Gasthofs seine Ballade »Erlkönig«. Der Handlungsort, die bewachsene Landschaft und die mit Nebel überzogenen Flussauen, macht Goethes Ballade zu einem zeitlosen Meisterwerk.

»Mein Sohn, was birgst du so bang dein Gesicht? – Siehst Vater, du den Erlkönig nicht?« Am Ort des Geschehens steht bereits seit dem 19. Jahrhundert am Fuße des Jenzigs eine überlebensgroße Skulptur des Erlkönigs. Ein mit wallenden Gewändern bekleideter, mächtiger alter Mann mit langem Bart, eine Hand ausgestreckt über den vor ihm liegenden Teich. In der anderen trägt er eigentlich ein Schwert, dieses wurde jedoch von Unbekannten entwendet oder sogar zerstört.

Die bedrohlich vorgebeugte Haltung steigert die mystische Stimmung, umrahmt von der Baum- und Felslandschaft. Zunächst von Theodor Wolff als Holzskulptur umgesetzt, wurde sie 1893 durch eine Steinfigur von Otto Späte ersetzt. Der Erlkönig wurde damals gestiftet von Wolf von Tümpling, dem Besitzer des unweit liegenden Schlosses Thalstein. Seit 1990 ist die Umgebung als Flächennaturdenkmal unter Schutz gestellt. Eine märchenhafte und zugleich düstere Darstellung am Rand der Stadt.

»Mein Vater, mein Vater, und hörest du nicht, was Erlenkönig mir leise verspricht?«

Adresse Am Erlkönig, 07749 Jena-Wenigenjena | **ÖPNV** Tram 2, 3, 33, Haltestelle Jenzigweg, von da heißt es spazieren gehen (circa 1,5 Kilometer) | **Tipp** Man kann dem Erlkönig auch richtig »auf die Pelle« rücken. Links neben dem kleinen Teich ist eine Treppe, von da geht's direkt zur Statue.

30 Der erste Fußballplatz

Wie die Jena-Regel die Fußballwelt veränderte

In Jena ist es immer wieder etwas Besonderes, mit dem Nahverkehr zu fahren. Eingestiegen im modernen Zentrum, ist man binnen weniger Haltestellen im grünen Herzen der Stadt. Neben vielen Wiesenflächen, Spazierpfaden und zu entdeckenden Kleinigkeiten befindet sich auch das sportliche Zentrum in Jenas Oberaue. Neben dem Sportforum mit eigener Schule darf natürlich auch ein geeignetes Stadion nicht fehlen.

1890 gründete sich der erste »Fussballverein Jenas«. Auf der Suche nach geeigneten Spielflächen fand man schnell die Wiesen in der Oberaue. Die Überschwemmungsgebiete der Saale eigneten sich aber nur bedingt als Fußballfeld.

Natürlich interessiert es beim Bolzen nicht besonders, wenn auf der Wiese ein Busch neben dem Elfmeterpunkt wächst, und ein Baum eignet sich ohnehin gut als Torpfosten. Aber für ein professionelles Fußballfeld ist das mehr als ungünstig. Eine offizielle Regel gab es hierfür jedoch nicht. Zu Beginn des Jahres 1893 veröffentlicht der Jenaer Fussballverein ein Regelwerk, in dem er auch festlegt, dass ein Bewuchs von Fußballfeldern in Deutschland verboten ist. »Der Spielplatz soll von Bäumen und Sträuchern frei, möglichst eben und mit niedrigem Gras bewachsen sein.«

So konnte dann 1893 das erste Fußballspiel zwischen Jena und Leipzig stattfinden. Die »Jenaische Zeitung« schrieb hierzu am 29. Juli 1893: »Wie wir hören, findet Sonntag, den 30. Juli, von abends 6 Uhr im kleinen Paradiese ein Fußballwettspiel zwischen dem Fußballverein Jena und der Spielvereinigung des allgemeinen Turnvereins in Leipzig statt. Leider gestattet der geringe Raum des Spielplatzes nicht die Anwesenheit eines sehr zahlreichen Publikums.«

Auf diesen Wiesen der Oberaue steht seit 1924 das Ernst-Abbe-Sportfeld, ein Fußballstadion mit Leichtathletikanlage, auf dem der FC Carl Zeiss Jena zu Hause ist. Natürlich bietet es inzwischen auch genügend Platz für zahlreiches Publikum.

Adresse Oberaue 3, 07745 Jena-Kernberge | ÖPNV Tram 1, 4, 5, Haltestelle Sportforum | Tipp Der Fanshop im Stadion hat Montag, Dienstag, Donnerstag und Freitag geöffnet. Die Vereinstrikots sind durch Kooperationen mit Heaven Shall Burn, Sea Shepherd und der Wacken Foundation inzwischen kultig.

31 Der Erzengel Michael

Vom Drachentöter auf unserem Stadtwappen

»Da entbrannte im Himmel ein Kampf; Michael und seine Engel erhoben sich, um mit dem Drachen zu kämpfen. Der Drache und seine Engel kämpften, aber sie konnten sich nicht halten, und sie verloren ihren Platz im Himmel. Er wurde gestürzt, der große Drache, die alte Schlange, die Teufel oder Satanas heißt und die ganze Welt verführt; der Drache wurde auf die Erde gestürzt, und mit ihm wurden seine Engel hinabgeworfen.« Was klingt wie eine pompöse Szene aus einem Peter-Jackson-Film in 3-D, ist aber die Geschichte des Stadtheiligen Jenas – St. Michael. In den Darstellungen der Johannes-Offenbarung kämpft Michael gegen alles, was Gott seinen Platz streitig machen will. Mit großen Flügeln gerüstet, tötet er mit einer Lanze und seinem Schwert den Drachen und stürzt diesen in den Abgrund. Der Drache gilt als Symbol der gottfeindlichen Mächte.

Das älteste Stadtsiegel Jenas aus dem Jahr 1382 zeigt Michael bereits in seiner berühmten Pose als Drachentöter. Blau-silbern gekleidet, ausgestattet mit Nimbus, Harnisch, Helm und goldenen Flügeln wird er auf Jenas Stadtwappen als großer blonder Mann dargestellt. Der Schutzpatron der Hauptkirche stößt mit seiner rechten Hand die Lanze ins Maul des Drachen. In der Linken hält er den meißnischen Löwenschild – ein schwarzer Löwe auf gelbem Grund. Wegen der historischen Bedeutung liegt auch ein silberner Schild mit blauer Weintraube vor dem sterbenden Drachen. Das neu gestaltete Siegel von 1905 gilt als Vorbild für das gültige Wappen der Stadt und orientiert sich stark an dem Siegel von 1625.

Eine zwar farblose, aber prunkvolle stilisierte Umsetzung des Stadtwappens befindet sich auf dem Boden unmittelbar vor dem Rathaus am Markt. Durch die silbern leuchtende Optik entsteht ein schönes Lichtspiel, und je nach Position der Betrachters und Stand der Sonne verändert sich das Bild von Michael, dem Schutzpatron der Stadt Jena.

Adresse Markt 1, 07743 Jena-Zentrum | **ÖPNV** Tram 5, 33, 35, Haltestelle Holzmarkt; Tram 1, 2, 3, 4, 34, Haltestelle Löbdergraben; Bus 10, 11, 12, 14, 15, 16, Haltestelle Teichgraben | **Tipp** Auf dem Wochenmarkt gibt es allerhand regionale Produkte von Fleisch und Fisch über Obst und Gemüse bis zu Blumen und Kuchen (geöffnet Di, Do, Fr 7 – 17 Uhr, Sa 7 – 13 Uhr; im Winter Di, Do, Fr 8 – 17 Uhr, Sa 8 – 13 Uhr).

32 Der Expostuhl

Für neue Perspektiven in festgefahrenen Gedanken

Eine Stadt, die sich über eine so lange Fläche zieht wie Jena, kann meist viele Fußwege vorweisen. Da der Nahverkehr hier oft nicht der regelmäßigste und schnellste ist, ist der Weg zu Fuß häufig bedeutend attraktiver. Und die stets knappe und unübersichtliche Parkplatzsituation macht das Autofahren auch zu einer Tortur. Natürlich ist man mit dem Fahrrad in Jena sehr gut und vor allem umweltfreundlicher unterwegs. Die im Tal liegende, flache Stadt ist einfach zu befahren. An den kleinen oder großen Fuß- oder Radwegen gibt es unzählige Sitzgelegenheiten für kleine und große Pausen. Diese unterscheiden sich für kleine oder große Menschen. Doch selbst der größte Mensch Jenas und sogar der Welt ist für diesen Stuhl in Lobeda-West deutlich zu klein.

Denkt man an übergroße Stühle im Stadtraum, fällt einem sofort der riesige Holzstuhl vor der Bibliothek der Bauhaus-Universität in Weimar ein. Aber auch in Jena-Lobeda-West steht ein überdimensionales Modell aus Edelstahl und Glas. Der sieben Meter hohe »Expostuhl« erinnert an das Großprojekt Expo 2000 in Hannover. »Jena-Lobeda – von der Plattenbausiedlung zum grünen Universitätsstadtteil« war eines der Projekte der Weltausstellung. Städtebauliche, funktionale, soziale und wirtschaftliche Weiterentwicklung des Stadtteils war das zentrale Thema. An mehreren Schnittpunkten sollte der sich in ein lebendiges, vielgestaltiges Viertel verwandeln. An diese Schnittpunkte erinnern die unterschiedlich aufgefächerten Glasflächen der Lehne des Stuhls. Des Weiteren ist am Stuhlbein eine Tafel angebracht, auf der das Gesamtprojekt dargestellt ist.

Ohne Kletteraktion würde man nicht auf dem Stuhl Platz nehmen können, stattdessen lädt er ein, Lobeda, einen lebhaften Stadtteil mit knapp 20.000 Einwohnern, aus einer anderen Perspektive zu betrachten und ihn nicht nur als eine rein zweckmäßige Plattenbausiedlung zu sehen.

Adresse Stauffenbergstraße 43, 07747 Jena-Neulobeda | ÖPNV Tram 1, 3, 4, 33, 35, Bus 10, 42, Haltestelle Lobeda-West | Tipp Der neu errichtete Park auf dem Lobdeburgtunnel ist nur einen kleinen Spaziergang entfernt.

33_Fatplastics

Schütze dein Vinyl

Natürlich kann selbst eine kleine Großstadt wie Jena mit einigen attraktiven Läden bei Einheimischen und Besuchern punkten. Auf eines dieser Geschäfte kann die Stadt ganz besonders stolz sein. Bereits auf dem Weg zum kleinen Laden am Ende des Schillergässchens, hinter dem Theater und gleich neben Schillers Gartenhaus, knarzen leichte Bässe im Viervierteltakt. Entspannte Synthies und ein angenehmes Klickern und Klackern begrüßen jeden Besucher in Jenas kultigem Plattenladen Fatplastics. Der Leitspruch »Schütze dein Vinyl« ist hier auf jeden Fall Programm.

1995 gründeten Daniel Mauß und Thomas Sperling »Freude am Tanzen« – damals noch eine Eventreihe, deren Veranstalter sie waren. 1998 wurde daraus ein Musiklabel. Federführend dabei waren Gabor Schablitzki, Marco Büchel, Thomas Sperling und Sören Bodner. Die erste Platte hieß »Four Sexy Tracks« (FAT001). Es folgten verschiedene Veröffentlichungen von Künstlern der elektronischen Musikszene, wie Mathias Kaden, Douglas Greed, Wighnomy Brothers und DJ Koze. Das Netzwerk rund um das Jenaer Label vergrößerte sich, und 2001 eröffnete man den eigenen Plattenladen Fatplastics. Das helle und unscheinbare Geschäft ist zwar recht klein, bietet aber Platz für unzählbar viele Platten und mehrere Anlagen zum Reinhören und Stöbern.

Gewählt zu Thüringens Plattenladen 2008 bietet das Fatplastics neben eigenen Veröffentlichungen fast alles, was das elektronische Vinyl-Herz begehrt. Natürlich gibt es auch die weniger kultigen CDs zu erwerben, und auch eine geeignete Form im digitalen Zeitalter der Streams und Downloads wurde gefunden, aber praktisch oder nicht, eine Platte ist einfach cool. Ein Besuch im Fatplastics lohnt sich, denn das Netzwerk rund um »Freude am Tanzen« ist ein Zentrum für die elektronische Musik Deutschlands. Den Laden dann mit einer schönen FAT Vinyl-Veröffentlichung zu verlassen ist ein tolles Gefühl.

Adresse Schillergässchen 5, 07745 Jena-Zentrum | **ÖPNV** Tram 5, 33, 35, Haltestelle Holzmarkt; Tram 1, 2, 3, 4, 34, Haltestelle Löbdergraben; Bus 10, 11, 12, 14, 15, 16, Haltestelle Teichgraben | **Öffnungszeiten** Mi – Fr 13 – 19 Uhr, Sa 12 – 16 Uhr | **Tipp** Wer einen Hang zur elektronischen Tanzmusik hat und Lust auf entspannte Veranstaltungen, schaut auf die Webseite von »Freude am Tanzen« (www.freude-am-tanzen.com). An verschiedenen Locations finden regelmäßig kleine sympathische Partys statt.

34 Fehlstart

Ready, steady, go! … and go again

Kunst und Sport. Oberflächlich betrachtet sind das Äpfel und Birnen oder Hunde und Katzen. Aber es gibt unzählige Beispiele von Äpfeln und Birnen in leckeren Kuchen und Salaten, und das Internet ist voll von herzzerreißenden Bildern und Videos von miteinander kuschelnden Hunden und Katzen. Und in Jena gibt es eine kleine Sammlung an Objekten, die Kunst und Sport ganz wunderbar und farbenfroh miteinander kollaborieren lassen.

Direkt beim Institut für Sportwissenschaften steht seit 2001 die von Martin Neubert erschaffene plastische Gruppe aus Stahl und Beton. »Ein heiteres Spiel der Kräfte – Fehlstart« ist der Titel. Das Werk entstand im Rahmen eines Wettbewerbs zur Gestaltung des Freigeländes neben der neu erbauten Turnhalle des Instituts. Die fünfteilige Arbeit beschäftigt sich mit der Lust an körperlicher Bewegung. Es entsteht ein Kontrast zwischen den Schwüngen und den harten Kanten der verschiedenen Sportgeräte. Scheinbar aus dem Nichts schießen die Plastiken ohne sichtbares Fundament aus dem Rasen. Eine sportliche Dynamik und Spannung entsteht durch das gegenseitige Stützen und Anlehnen der Formen.

Es geht um einen Moment, eine Motivation, die manchmal ausreichen kann, um eine immense Kraft zu erzeugen, um dadurch vielleicht zu einer nie erwarteten Leistung zu kommen. Und Sport, wie auch die Kunst, hat stets die Möglichkeit zum Scheitern, um eine neue Motivation zu erzeugen. Eine Art grauer Sack hängt an einer grünen Tonne, scheinbar erschöpft, vielleicht als Resultat eines »Fehlstarts«. Ein Teil des Sacks trägt Spikes, und trotz dieser Ausrüstung erreicht er die Tonne nur mit Mühe, vielleicht auch gar nicht, vielleicht holt er sich aber auch neue Kraft und wagt einen neuen Versuch.

Eine schöne und poppig-bunte Arbeit an einem Ort, an welchem man vielleicht nicht unbedingt eine solche Sammlung moderner Kunstobjekte erwarten würde.

Adresse Seidelstraße 20, 07749 Jena-Kernberge | **ÖPNV** Tram 1, 4, 5, Haltestelle Jenertal | **Tipp** Danach den Vogelsteller in den Teufelslöchern suchen (siehe Ort 97). Aber nicht wegfangen lassen!

35 Das feuerrote Fernglas

Ein Blick über die Stadt, jederzeit, für jeden

Der Jenzig ist natürlich nicht der höchste Berg der Welt. Ganz im Gegenteil muss man sich, wenn man ihn als Berg betitelt, ein Schmunzeln verkneifen. Aber die kleine Wanderung ist wunderschön, und der Ausblick auf Jena-Ost, das Stadtzentrum, den Fuchsturm und Jena-Nord lohnt den Anstieg in jedem Fall. Wer will, kann bei der wundervollen Aussicht eine kalte Cola im Restaurant trinken, etwas Leckeres essen oder sich die sehr interessanten Wanderbänke anschauen und nach dem geheimnisvollen Hundegrab suchen (siehe Ort 51). Aber der Besuch lohnt noch aus einem anderen Grund: Seit Dezember 2016 kann sich Groß und Klein an einer weiteren Besonderheit erfreuen.

Wer kennt das nicht? Man kämpft sich zu einem Aussichtspunkt und ist zwar völlig am Ende der Kräfte, aber der Blick auf das, was man geschafft hat, ist einmalig. Und dann steht dort auch noch ein Fernglas. Theoretisch könnte man es benutzen, um den Ausblick noch mehr zu genießen. Aber ein Zwei-Euro-Stück hat man gerade nicht dabei, und überhaupt erschließt sich der Sinn dieses Preises auch gar nicht. Dieses Problem gibt es auf dem Jenzig nicht mehr.

Der Optikermeister Ralf Stegmann stiftete gemeinsam mit seiner Frau und seinen beiden Söhnen ein feuerrotes, nicht zu übersehendes Fernglas im Wert von fast 3.000 Euro. Als Mitglied der Jenzig-Gesellschaft hat er das Problem eines fehlenden und kostenfreien Fernglases mitbekommen und eine Lösung angeboten. Mit 15-facher Vergrößerung und manuell einstellbarem Fokus ist die geschaffene Perspektive auf der Hundskuppe eine tolle Spende, und jeder hat die Möglichkeit, nach den wundervollen Details dieser Stadt zu suchen.

Das schöne Zitat von Reinhard Karl, dem ersten Deutschen auf dem Gipfel des Mount Everest, ziert das rote Fernglas. »Es ist egal, welchen Berg man besteigt, oben wird man immer weiter sehen.«

Adresse Am Jenzig 99, 07749 Jena-Wenigenjena | **ÖPNV** Tram 2, 3, 33, Haltestelle Jenzigweg, von da heißt es wandern (circa 2,1 Kilometer) | **Tipp** Das Berggasthaus für die Rast ist Dienstag bis Sonntag von 11 bis 22 Uhr geöffnet. Auf der anderen Seite vom Jenzig kann man wieder hinunterwandern. Das ist ein bisschen wilder und aufregender, und man findet dort noch einige Orte aus diesem Buch.

36 Der Flößerbrunnen

Wie das Floß in das Jenaer Bermudadreieck schwamm

Zwei beinahe leer stehende Einkaufszentren und eine hohe Dichte an »Plattenbauten« machen Winzerla nicht gerade zum Ausflugsziel Nummer eins. Aber natürlich gibt es auch hier zahlreiche schöne Orte, die man gesehen haben muss. Steigt man aus der Straßenbahn oder dem Bus an der Haltestelle Damaschkeweg aus und geht Richtung Westen am Supermarkt vorbei, kommt man zum Flößerbrunnen, der zusammen mit dem Stadtbalkon den untersten Punkt von Winzerlas Wasserachse bildet.

Der Flößerbrunnen ist eine Plastik des Dresdner Künstlers Detlef Reinemer aus dem Jahr 1987. Dieser bekam den Auftrag, ein Brunnenensemble zu schaffen, das Bezug auf traditionsreiche Berufe aus Winzerla nehmen sollte. Provisorisch am Standort aufgestellt, kam es 1988 zu einer Überraschung. In Unwissenheit von Künstler und Auftraggeber wurde die Brunnenplastik über Nacht durch die Staatssicherheit zum Saaleufer verschleppt und später in einer Scheune versteckt. Man hatte wohl Angst, der Brunnen könnte eine Art Treffpunkt für Ausreisewillige werden, und versuchte deshalb, das Aufstellen zu verhindern.

Drei Personen befinden sich auf dem provisorisch anmutenden Floß. Der Frontmann, Joachim Kuhlmann stand für ihn Modell, hat eine Tasche mit Malutensilien bei sich. Sie trägt die Aufschrift: »Berlin, Paris, New York« – ein weiter Weg für das kleine Floß. Dahinter sitzt eine Weinbäuerin mit einer voll beladenen Weinbütte auf dem Rücken. Gelassen, vielleicht erschöpft, liegt ein Fischer ausgestreckt am anderen Ende des Floßes. Erika John und Rainer Schumacher gelten als Vorbilder für diese beiden Figuren. Unter den Füßen des Fischers liegt das Fischernetz, das anstelle von frischem Fisch nur Müll, eine Handgranate und eine Kiste eingefangen hat. Die Kiste trägt die verwaschene Aufschrift »Jena arm«.

Jahre vergingen, bis die Flößer wiederentdeckt und 1999 am ursprünglichen Ort aufgestellt wurden.

Adresse Wanderslebstraße 21, 07745 Jena-Winzerla | **ÖPNV** Tram 2, 4, 34, Bus 10, Haltestelle Damaschkeweg | **Tipp** Von hier aus bergauf kann man sich die ganzen Details der Wasserachse anschauen.

37 Das Folly

Verwerfung oder die Eroberung eines Blicks

Die Villa Rosenthal ist ein imposantes Gebäude mit einer bemerkenswerten Geschichte. Doch auch im Umfeld der schönen Villa gibt es einiges zu sehen. Wer durch den Garten spaziert oder schlicht den Parkplatz der Villa benutzt, entdeckt schnell ein seltsames kleines Bauwerk. Im Rahmen des Botho-Graef-Kunstpreises zur Aufwertung des Gartens ist hier 2015 eine Steinhütte aus Stampfbeton entstanden, welche nun mitten im Garten auf einer Wiese steht.

Ein Folly, eher aus der englischen Landschaftsgärtnerei bekannt, ist eine Art exzentrisches künstlerisches Gartenbauwerk ohne erkennbaren Nutzen. Das Folly der Villa Rosenthal ist 3,80 Meter hoch und begehbar. Die äußere Fassade ist eine Abbildung der Muschelkalkstruktur der gegenüberliegenden und von hier sichtbaren Kernberge. Auf der Frontseite befindet sich ein dreiflügliges Fenster, welches komplett zu öffnen ist. Durch eine massive Holztür auf der Rückseite betritt man den Innenraum mit Kiefernholzdielen, einem Sessel und einer Leselampe. Von hier aus kann man sogar die »Studentenrutsche«, eine geologische Störung, erkennen.

Die Künstlerin wählte eine Verbindung der Villa mit den sichtbaren Verwerfungen der Kernberge als grundlegendes Konzept für ihr Bauwerk. Der Blick in die Ferne ist der zentrale Gedanke bezüglich Standortwahl und Art des Objekts.

Mit geöffneten Fenstern eignet sich das kleine Häuschen bestens als Bühne für Lesungen oder kleine Konzerte. Im Laufe der Jahre soll es immer mehr zuwachsen und sich somit direkt in den Garten der Villa eingliedern.

Ein Besuch von »Folly – Verwerfung oder die Eroberung eines Blicks« der Künstlerin und Gewinnerin des Wettbewerbs Anika Gründer aus Kassel – sei es zu den Öffnungszeiten der Villa Rosenthal oder sogar zu einer Veranstaltung im Folly selbst – lohnt sich und ist eine schöne Erfahrung am Rand des Stadtzentrums.

Adresse Mälzerstraße 11, 07745 Jena-Süd | ÖPNV Tram 2, Haltestelle Felsenkeller | Tipp Durch den kleinen Tunnel an der Bahnhaltestelle kommt man direkt zur Rasenmühleninsel des großen und weitläufigen Paradiesparks.

38 Die Fresken von St. Nikolai

Von der Leidensgeschichte der Leidensgeschichte

Ein Ausflug nach Lichtenhain zur kleinen und freundlichen St.-Nikolai-Kirche lohnt sich vor allem, wenn man einen Blick in den Anbau an der nördlichen Außenwand der Kirche wagt. Dort befinden sich spätmittelalterliche Wandmalereien von einem unbekannten Künstler, die vielleicht einst eine Art Bibel für Arme gewesen sind. In sechs Reihen mit je 13 Bildern in einer Größe von 60 mal 40 Zentimetern sind auf 78 Bildern typologische Darstellungen biblischer Geschichten, beginnend bei der Schöpfungsgeschichte, zu sehen. Durch den katastrophalen Zustand der Fresken ist nur noch zu erahnen, dass die Geschichte mit dem Tod Christi endet. An vielen Stellen sind nur noch Vorzeichnungen sichtbar, aber wenn man die Leidensgeschichte der Wandmalereien hört, dann ist das noch viel.

Der Künstler schuf seine Bilder »al secco«, also auf dem getrockneten Putz. Die Farbe hatte keine Chance mehr, sich mit dem Untergrund zu verbinden. Von Beginn an waren die Fresken von einem Dach und mit Wänden geschützt, die jedoch frei zugänglich waren. Und so wurde der Schutzraum als Lagerstätte für faules Holz und wackelige Bänke genutzt. Beim Anstreichen des Schutzdaches ist Farbe auf die Malereien getropft, und Verschönerungsversuche von Schulkindern sind noch an den gezeichneten Schnurrbärten zu erkennen. Luftverschmutzung und respektloser Umgang mit der Kunst führten zur Zerstörung. 1970 versuchte man, die Malereien mit einer farblosen Schutzschicht zu retten, der Putz konnte so aber nicht mehr atmen, und die entstehende Nässe beschleunigte den Verfall.

Die Fresken sind heute nur noch in einem verschlossenen Schaukasten zu sehen. Ein Lichtschalter an der Wand lässt sie kurz aufleuchten und gewährt einen Blick auf die Heilsgeschichte, aber auch auf die Geschichte eines Kunstwerks, das von Beginn an unter keinem guten Stern stand.

Adresse Lützowstraße, 07745 Jena-Lichtenhain | **ÖPNV** Bus 10, 11, 12, Haltestelle Zeiss-Werk | **Öffnungszeiten** Das Innere der Kirche ist zu den Gottesdiensten zu besichtigen, die Fresken befinden sich an der Außenfassade. | **Tipp** Die Mensa der nahe gelegenen Fachhochschule ist auch für Gäste zugängig und sehr empfehlenswert (geöffnet Mo–Fr 7–15 Uhr).

39 Die Fritz Mitte Eatery & Bar

Wurst, Fritte und Mayo… aber de luxe!

Fritz Mitte? Die Würstchenbude mit Fritten und unzählbaren Mayonnaise-Sorten? Der Currywurst-Tempel an der Pforte zur Wagnergasse, Jenas Kneipenmeile? Das kennt ja nun wirklich jeder! Das stimmt, aber nicht jeder weiß, dass Fritz Mitte neben den beiden stilsicheren »Würstchenbuden« in Jena und Weimar auch noch ein sehr attraktives Restaurant in der Jenaer Neugasse betreibt.

2008 eröffnete das Team um »The Concept Store« seinen »Frittiersalon« direkt an den Pforten der Wagnergasse, Jenas Kneipenmeile. Das minimalistische Konzept, das zeitgemäße Erscheinungsbild und der günstige Standort entpuppten sich schnell als äußerst lukratives Rezept, und so etablierte sich Jenas Würstchenbude schnell als fester Bestandteil des Stadtbildes und wurde noch im gleichen Jahr in die Kabel-1-Rangliste »Deutschlands Superimbiss 2008« gewählt. 2011 folgte der erste Schritt zur Geschäftserweiterung: Ein weiterer Frittiersalon wurde in Weimar eröffnet. Seitdem ist einige Zeit vergangen, der Imbiss ist immer noch einer der beliebtesten Jenas, aber man wollte noch einen Schritt weiter gehen, das Angebot erweitern und gleichzeitig einen neuen Weg einschlagen. So eröffnete, fast heimlich, 2015 das Restaurant »Fritz Mitte Eatery & Bar« als Street-Food-Restaurant in der Neugasse. Das zeitgemäße kleine Restaurant hebt sich nicht nur durch sein Konzept vom kleinen Original in der Wagnergasse ab. Das Angebot wurde um zahlreiche Getränke, Burger, Salate und fleischfreie Alternativen erweitert. Tafel und Imbissverkäufer wurden durch Karte und Kellner ersetzt. Aber natürlich darf ein Fenster mit Straßenverkauf bei einem echten »Fritz Mitte« nicht fehlen. Man hat die Wahl: Currywurst und Fritten auf die Hand oder am Tisch. Egal, wie die Entscheidung ausfällt, mit Fritz Mitte hat man sich für einen echt kultigen Klassiker in Jenas gastronomischer Vielfalt entschieden.

Adresse Neugasse 5, 07743 Jena-Zentrum, www.fritzmitte.de | **ÖPNV** Tram 5, 33, 35, Haltestelle Holzmarkt; Tram 1, 2, 3, 4, 34, Haltestelle Löbdergraben; Bus 10, 11, 12, 14, 15, 16, Haltestelle Teichgraben | **Öffnungszeiten** Mo–So 11–23 Uhr | **Tipp** Wer nach oder beim Lunch einen neuen Haarschnitt möchte, kann einfach eine Tür weitergehen zu »Friseurkaffee – Schnitte und Törtchen« (geöffnet Mo–Fr 9–17 Uhr, Tel. 03641/6370200).

40 Der Frommann'sche Garten

Ein Moment der Ruhe auf bedeutendem Grund

Obwohl Jena zu Deutschlands Großstädten gehört, ist die Stadt für ihr grünes Flair bekannt. Viele kleine und größere Parkanlagen laden dazu ein, sich auszuruhen, etwas zu lesen oder spazieren zu gehen. Auch der kleine Garten hinter der Universitätsbibliothek ist ein solcher Ort. Vor allem im Sommer, wenn im Park Kunst ausgestellt wird, kann man sich hier wunderbar zum Gedankenaustausch treffen.

Fast 90 Jahre lang, von 1798 bis 1886, ist der Verlag von Carl Friedrich Ernst Frommann auf dem Anwesen ansässig gewesen. Wegen der kulturellen Bedeutung Jenas und der Nähe zu Weimar hatte Frommann den Verlag von Züllichau (heute Sulechów in Polen) hierher verlegt. Das Frommann'sche Haus nahm in den Jahren nach dem Umzug eine wichtige Rolle innerhalb der Kulturregion um Jena ein. Neben zahlreichen berühmten Freunden des Hauses wie Tieck, Schlegel, Herder, Fichte, Schopenhauer, Humboldt und den Brüdern Grimm zählte natürlich auch Goethe zu seinen Gästen. Dieser beschrieb das Haus deswegen einst als »Vereinigungspunkt vieler Gelehrter und Künstler und sonst angesehener Personen«.

Frommann verlegte hier neben medizinischen und naturwissenschaftlichen auch historische und juristische Titel. 1830 übernahm sein Sohn Friedrich Johannes den Verlag und führte ihn bis zu seinem Tod 1886 in Jena. Anschließend wurde er an Emil Hauff verkauft, welcher den Verlag noch im selben Jahr nach Stuttgart verlegte.

In den 1990er Jahren hat die Universität das Anwesen erworben und sanieren lassen. Seither sind hier die Institute der Kunstgeschichte und Germanistik angesiedelt. Passend zur kunsthistorischen Bedeutung des Gartens findet jeden Sommer eine wechselnde Ausstellung statt.

Wegen seiner kunstvoll bepflanzten Fassade erhielt eines der Häuser auf dem Anwesen 2017 den Preis für Fassaden- und Dachbegrünung der Stadt Jena.

Adresse Bibliotheksplatz 2a, 07743 Jena-Zentrum | **ÖPNV** Tram 1, 4, 34 oder Bus 15, Haltestelle Universität | **Öffnungszeiten** Mo–Sa 8–19 Uhr | **Tipp** Die Sophienstraße runter befindet sich in der Nummer 39 Jenas Unverpackt-Laden »Jeninchen«. Ein wichtiger und zugleich sehr sympathischer Laden im Kampf gegen die fortwährende Umweltbelastung (geöffnet Mo–Fr 10–13 und 14–19 Uhr, Sa 10–14 Uhr).

41 Das Gerber-Mosaik

Mit Katze, Hund und Vogel beim Lederschneiden

Ob man sich zur alten Platane setzt, um ihren Geschichten zuzuhören, oder in der Noll ein herzhaftes Essen zu sich nimmt oder unterwegs zum 401 ist, um ein paar Waffeln mit heißen Kirschen zu essen – es gibt einige Gründe, warum es einen in die Unterlauengasse verschlägt. Und es gibt einen besonderen Grund, auf seinem Weg für einen kurzen Moment zu pausieren. Denn über dem Eingang der Unterlauengasse 5 ist fleißiges, aber auch heiteres Arbeiten zu beobachten.

Ein Mosaik aus DDR-Zeiten gedenkt einem alten und für Jena geschichtsträchtigen Handwerk. Katze, Hund und Vogel sehen dem Treiben eher skeptisch zu. Der menschliche Zuschauer blickt etwas neugierig durch das Fenster. Ein bärtiger Mann mit gezwirbeltem Schnauzer rührt mit langem Stab in einer farbigen Flüssigkeit, in der ein Pfeife rauchender Kollege einen Stoff knetet. Ein anderer Mann zerteilt, zum Fenstergucker schauend, mit einer Art Hobelmesser ein Stück Leder. Durch die Tür sieht man einen weiteren Mann, auf einer Art Steg hält der Bärtige eine Stoffbahn oder ein großes Stück Leder in den Fluss. Das stark stilisierte und lustige Mosaik ist farblich eher gedeckt gehalten. Während sich das Bild hauptsächlich auf die Konturen konzentriert, erzählen seichte farbige Nuancen die Geschichte.

Dass das Mosaik gerade hier in der Unterlauengasse hängt, ist kein Zufall. Die Gerberei gab es in Jena bereits seit dem 14./15. Jahrhundert. Die Zeit war wirtschaftlich gesehen keine einfache. Viele Handwerker wurden durch die Reformation vertrieben, andere weigerten sich und wollten katholisch bleiben. Mit der Gründung der Universität 1558 ging es jedoch wieder bergauf. Mehr Studenten bedeuteten mehr Konsum.

In der Nähe der Unterlauengasse verlief früher ein Arm der Saale. Ein paar Meter nördlich, an der Gerbergasse, befand sich die Lache, an der die Gerber wohnten und arbeiteten.

Adresse Unterlauengasse 5, 07743 Jena-Zentrum | **ÖPNV** Tram 5, 33, 35, Haltestelle Holzmarkt; Tram 1, 2, 3, 4, 34, Haltestelle Löbdergraben; Bus 10, 11, 12, 14, 15, 16, Haltestelle Teichgraben | **Tipp** Jeden Tag von 12 bis 19 Uhr gibt es unglaublich leckere Waffeln im »401 – Waffeln & Co«. Der Teig ist vegan, und das Topping, süß oder herzhaft, bestimmt man selbst.

42 Die Geschwister Scholl

Gegen Faschismus und Ungerechtigkeit

Den Geschwistern Scholl ist in Jena nicht nur eine Straße gewidmet. In Jena-Ost kann man eine von Manfred Diez 1968 zum 19. Jahrestag der Gründung der DDR entworfene, lebensgroße Plastik finden.

Hans und Sophie Scholl waren Studenten an der Universität in München und Initiatoren der Widerstandsgruppe »Weiße Rose«. Während des Zweiten Weltkrieges hat die mutige Gruppe klare Zeichen gegen den Faschismus gesetzt und Flugblätter gegen den Krieg und die Diktatur unter Adolf Hitler verbreitet. Am 22. Februar 1943 wurden Hans und Sophie in München zum Tode verurteilt. Das Urteil wurde noch am selben Tag vollstreckt und die Geschwister hingerichtet.

Die Plastik blieb zwar stets in Jena-Ost, stand jedoch von 1999 bis 2006 vor dem Studentenwohnheim in der Maurerstraße, bevor sie 2006 in der Karl-Liebknecht-Straße aufgestellt wurde – ganz in der Nähe der Geschwister-Scholl-Straße. Das Denkmal ist umgeben von grünen Sträuchern und weißen Rosen.

In der Art eines Drei-Viertel-Profils stehen Hans und Sophie in der stilisierten Betonplastik dicht beieinander und doch durch eine Ecke getrennt förmlich an einer Wand. Sie halten sich an den Händen, geben sich gegenseitig Kraft in einer scheinbar aussichtslosen Zeit. Zwar ist die Plastik grob-figürlich, Rückseite, Unterschenkel und Füße sind nicht ausgearbeitet, dennoch ist der Blick der beiden aufrichtig und entschlossen. Ein Betonsockel rechts neben der Plastik trägt eine Bronzetafel mit der Inschrift: »Zum Gedenken Hans Scholl *22.9.1918 / Sophie Scholl *9.5.1921 / von den Faschisten gemordet 22.2.1943«.

Die Geschwister werden für immer ein Teil der Erinnerungskultur und ein Vorbild für den Widerstand gegen Ungerechtigkeit und Faschismus bleiben. Darum sollte jeder Bewohner oder Besucher Jenas die Chance nutzen, sich diese Plastik anzuschauen.

Adresse Karl-Liebknecht-Straße 10, 07749 Jena-Wenigenjena | ÖPNV Tram 2, 3, 33, Haltestelle Geschwister-Scholl-Straße; Bus 14, Haltestelle Schlippenstraße | Tipp Wer mit der Straßenbahn anreist und eine Haltestelle früher, am »Steinweg«, aussteigt, kann von dort aus einen schönen Spaziergang über die Camsdorfer Brücke und an einigen weiteren tollen Orten vorbei zum Denkmal machen.

43 Die Gitterköpfe

Ja, ich saß auch schon auf deinem Kopf

Seit 2004 gibt es das Einkaufszentrum »neue mitte« in Jena. In einer Zeit, in der Einkaufszentren eigentlich schon langsam an Attraktivität verlieren, das Kaufhaus am Inselplatz längst dem Erdboden gleichgemacht wurde und die Schiller-Passage maximal als Schauplatz für einen Zombiefilm dienen könnte, kommt man in Jena in den Genuss eines weiteren Einkaufszentrums. Zumindest der Standort direkt am Fuße des Jentowers ist nicht so schlecht, vor allem wenn Gäste fragen, wo denn die »neue mitte« sei. Direkt davor liegt der alte Platz der Kosmonauten, heute Eichplatz oder nur noch Zentraler Platz, Jenas wahrscheinlich wichtigste Parkmöglichkeit und zugleich Standort der regelmäßigen saisonalen Rummel und Jahrmärkte.

Viele Menschen passieren diesen Ort täglich, wahrscheinlich ohne dabei die »Gitterköpfe« von Wolfgang Smy bewusst wahrzunehmen. 1992 wurden der graue Männer- und der rote Frauenkopf im Rahmen der Ausstellung »Kunst im Stadtraum Jena« durch den hannoverschen Galeristen Robert Simon in Zusammenarbeit mit der Marion-Ermer-Stiftung als Dauerleihgabe in der Johannisstraße aufgestellt. 2003 haben die beiden dann ihren Originalstandort verlassen und sind in die Kollegiengasse umgezogen.

Die aus zerstanztem Stahl gefertigten, grafischen Plastiken sind beide circa vier Meter hoch. Durch ihre nur zu erahnenden Gesichter und das massive, kalte Material erinnern die Köpfe an sehr formale Konstruktionen und fügen sich damit wunderbar ins Stadtbild. Mit zahlreichen Aufklebern geschmückt, werden die Gitterköpfe gern als Fahrradständer, Sitzgelegenheit oder Ablagefläche für Rucksäcke genutzt.

Wenn man in der Nähe ist, dann sollte man sich einen Moment Zeit nehmen, die Gitterköpfe von Wolfgang Smy zu erfassen und sich an den Schattenspielen zu erfreuen, die entstehen, wenn die Sonne über die Kollegiengasse strahlt.

Adresse Kollegiengasse 9, 07743 Jena-Zentrum | ÖPNV Tram 5, 33, 35, Haltestelle Ernst-Abbe-Platz; Bus 10, 11, 12, 14, 15, 16, Haltestelle Teichgraben | Tipp Gegenüber liegt der Kollegienhof. Über 450 Jahre Universitätsgeschichte stecken in diesem kleinen Innenhof, dem Collegium Jenense.

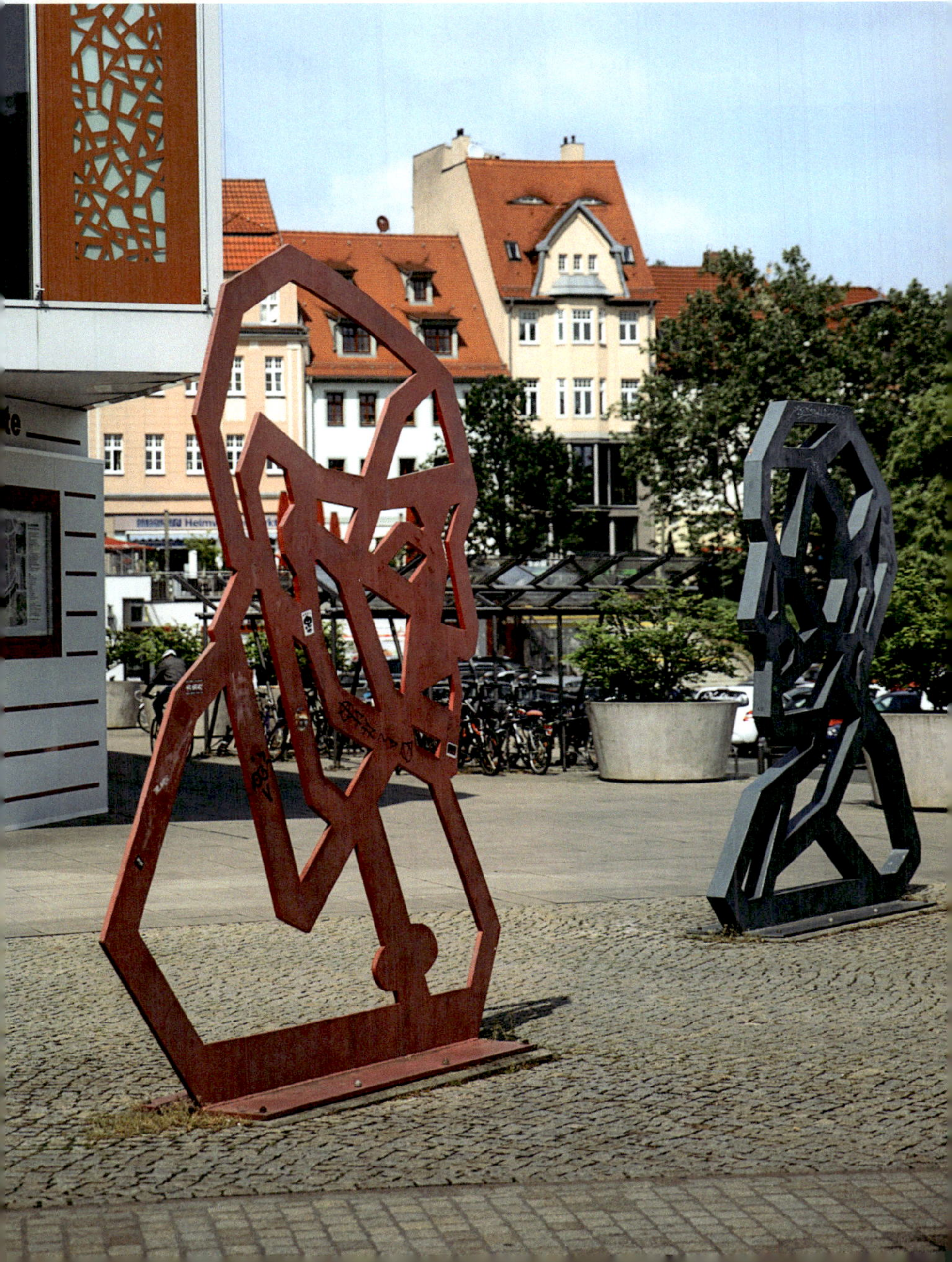

44 Der Goethepark

Ein Spaziergang im alten englischen Garten

Ein schönes Ziel für Spaziergänge abseits vom Trubel des Stadtzentrums ist der Goethepark in Drackendorf, dem kleinen Stadtteil oberhalb von Lobeda-Ost. Neben den wundervollen Skulpturen auf dem Novalisweg, welcher durch den Park führt (siehe Ort 59), gibt es hier noch vieles mehr zu entdecken.

Der Park, welcher heute mit drei Hektar wesentlich kleiner ist als zur Zeit seiner Errichtung, wurde in der zweiten Hälfte des 19. Jahrhunderts als englischer Landschaftsgarten durch den Rittergutsbesitzer Ziegesar angelegt. Anlässlich des Besuchs der Herzogin von Orleans wurden zwei riesige Eichen gepflanzt, die den Park noch immer zieren. Ähnlich imposant ist die bekannte Blutbuche.

Neben den dominanten Bäumen fällt natürlich auch der Pavillon im Norden des kleinen Parks auf. Dieses »Römische Haus« wurde 1854 von Clara von Helldorf in Auftrag gegeben und nach italienischem Vorbild als Salon erbaut. Im Inneren des unscheinbaren Gebäudes befinden sich eine Säulenhalle, Freskomalereien und verschiedene Statuen. Leider nicht mehr erhalten ist der aufwendig gestaltete Springbrunnen direkt vor dem Pavillon. An diesen erinnert nur noch ein kleines Blumenbeet. Obwohl sich der Zustand des kleinen Gebäudes über die Zeit zunehmend verschlechterte, wurde das Römische Haus erst nach der Wende von Mitgliedern des Heimatvereins erneuert.

Der Park ist nicht nur für Spaziergänger oder Jogger ein immer attraktiver werdender Ort. Auch gemütliche Veranstaltungen wie kleinere Open-Air-Events, Lesungen oder Konzerte finden dort regelmäßig statt und ziehen ein kulturinteressiertes Publikum an. Warum der Drackendorfer Park auch häufig als Goethepark bezeichnet wird, ist überliefert: Der Dichter flanierte gern durch den Vorgängergarten. In den Genuss eines Besuchs im kleinen Teehaus ist er allerdings nie gekommen, denn dieses wurde erst nach seinem Tod errichtet.

Adresse Am Goethepark, 07751 Jena-Drackendorf | **ÖPNV** Tram 3, 5, 34, 35, Haltestelle Richard-Sorge-Straße | **Tipp** Besonders idyllisch ist es bei einem der nicht zu oft, aber regelmäßig stattfinden Picknick-Konzerte.

45 Die goldene Gedenktafel

Ehrung der ersten Promotion einer Frau in Jena

Jena ist bunt. Viele Menschen engagieren sich in alternativen Projekten, Cafés und Kulturstätten dafür, dass das moderne Miteinander lebendig bleibt und der freundliche Umgang mit jedem Menschen, unabhängig von Geschlecht, Herkunft und Religion, der angestrebte Standard ist. Dieser Prozess ist natürlich nie beendet.

Eine besondere Frau, die sich ehrgeizig und mutig für ihr Recht auf Bildung einsetzte, wird an der Universität in Jena mit einer goldenen Gedenktafel geehrt. Sie hat für etwas gekämpft, das ihr sehr am Herzen lag. Was sie damit bewirkte, war ihr zur damaligen Zeit vielleicht nicht einmal bewusst. Heute ist kaum vorstellbar, dass es jemals anders war.

Rowena Morse wurde 1870 in Ithaca geboren. Bis 1891 studierte sie in Iowa und ging von 1899 bis 1901 für Vorlesungen nach Chicago. 1901 kam sie für einen Studienaufenthalt nach Berlin. Als Gasthörerin besuchte sie Vorlesungen in den Fächern Theologie, Geologie und Kunstgeschichte. Ihr Promotionsgesuch in Berlin wurde allerdings abgelehnt. Morse bekam den Tipp, an die Universität nach Jena zu gehen. Die Philosophische Fakultät galt als sehr renommiert und in vielen Dingen toleranter und liberaler als die in Berlin. Morse hatte großes Glück, Rudolf Eucken als Doktorvater für sich zu gewinnen, und so wurde ihr Gesuch vom 8. Juni 1904 bewilligt. Sie war damit die erste Frau, die an der Universität Jena promovierte, am 30. Juli 1904 mit dem Gesamtprädikat »magna cum laude«. In der Folge wurde 1907 Frauen die Vollimmatrikulation an allen Fakultäten in Jena erlaubt.

Rowena Morse kehrte nach Amerika zurück und blieb eine starke Stimme für die Frauenwahlrechtsbewegung in Chicago.

Die Stadt Jena kann stolz darauf sein, Rowena Morse in ihrer Geschichte zu wissen. Eine beeindruckende Persönlichkeit für die Gleichberechtigung der Frau, die eine Selbstverständlichkeit sein sollte.

Adresse im Hauptgebäude der Universität, Fürstengraben 1, 07743 Jena-Zentrum | ÖPNV Tram 1, 4, 34 oder Bus 15, Haltestelle Universität | Öffnungszeiten täglich 7–22 Uhr | Tipp Mit etwas Glück ist die Uni-Aula geöffnet. Wenn nicht, sollte man auf jeden Fall zu einer Veranstaltung wieder herkommen. Dann hat man die Möglichkeit, das geschichtsträchtige Gemälde »Auszug deutscher Studenten in den Freiheitskrieg von 1813« von Ferdinand Hodler zu betrachten.

46 Die große Schrott-Kunst

Hudson River Valley und die Geschichte vom Schrott

Wo Kunst Unverständnis oder Protest hervorruft, ist sie möglicherweise genau richtig platziert. »Bäume statt Schrott« maulten junge Studenten noch Ende des vorigen Jahrhunderts. Mit dem »Schrott« sind vier Skulpturen gemeint. Rostfreier Stahl, verschweißtes und gebogenes Material. Die groben Maße: zwei mal zwei mal zwei Meter. Eine jede Skulptur ist betitelt nach einem Ort im Hudson River Valley. Garrison, Newburgh, Bear Mountain und Peekskill. Die in Stahl verewigten Orte stehen auf dem Campus der Universität Jena, auf dem Ernst-Abbe-Platz. Ursprünglich zählte das Ensemble fünf Skulpturen. Die Plastik »Fishkill« war allerdings nur eine Leihgabe des Künstlers Frank Stella und wird regelmäßig an verschiedenen Orten ausgestellt. Für Stella selbst sind diese Skulpturen »Werke einer vergangenen Zeit«. Drei Ausstellungen hatte der Amerikaner bereits in Jena. Die Saalestadt und Frank Stella, das ist eine jahrzehntelange Beziehung.

In früherer Zeit waren die angrenzenden Grundstücke Firmengelände der Zeiss-Werke. Nach der Wende und einigen dubiosen Abwicklungen blieben ungeklärte Fragen und Schrott. Daher könnte man in der abfälligen oder einfach nur leicht dahingesagten Bezeichnung »Schrott« auch ein Quäntchen Ironie vermuten.

Frank Stella bekam unlängst von Barack Obama die bedeutendste amerikanische Auszeichnung für Künstler verliehen: The National Medal of Arts. Schon 1996 erhielt er von der Philosophischen Fakultät der Universität Jena die Ehrendoktorwürde. Trotz der Kritik gehören seine Skulpturen heute zum Campus dazu wie Tauben, Smartphones und Rucksäcke. Studenten dienen die Sockel als Sitzfläche, Aufklebern der Stahl als Untergrund. Und vielleicht zeigt sich jetzt in den Skulpturen weit mehr als die Landschaft um den Hudson River. Vielleicht künden sie auch von der Angst, noch weniger zu sein als lästiger Schrott. Von der Angst, einfach nicht mehr wahrgenommen zu werden.

Adresse Ernst-Abbe-Platz, 07743 Jena-Zentrum | ÖPNV Tram 5, 33, 35, Haltestelle Ernst-Abbe-Platz; Tram 1, 2, 3, 4, 34, Haltestelle Löbdergraben; Bus 10, 11, 12, 14, 15, 16, Haltestelle Teichgraben | Tipp Wer Lust hat auf Einkaufszentrum, ist hier direkt am Eingang.

47_Die Hans-Berger-Büste

Nervenarzt und Rassenhygieniker

Schaut man nach berühmten Persönlichkeiten, die in Jena wirkten, stolpert man über einen Namen, den man mit einer wichtigen Erfindung für die Medizin und mit einem der grausamsten Verbrechen in der Medizingeschichte zugleich verbindet.

Hans Berger, 1873 in Coburg geboren, studierte nach sehr gutem Abschluss der Schule Mathematik und Astronomie. Er wechselte zur Medizin, die ihn von Berlin nach Jena führte, wo er auch promovierte. Unter der Leitung von Otto Binswanger begann er seine Tätigkeit als Assistenzarzt an der Psychiatrischen Klinik. Nach mehreren Jahren als Oberarzt stieg er 1919 zum Direktor der Klinik auf.

1892 hatte Berger einen schweren Unfall. Am gleichen Abend erhielt er ein Telegramm seines Vaters. Es war seine Schwester, die den Vater zur Nachricht veranlasst hatte, da sie spürte, dass etwas Schlimmes passiert sei.

Von diesem Ereignis motiviert, begann Berger mit seiner Arbeit an den Hirnströmen, welche zur Erfindung des Elektroenzephalogramms, kurz: EEG, führte. Dass diese Erfindung bahnbrechend war, ahnte die Presse damals schon: »Heute sind es noch Geheimzeichen, morgen wird man vielleicht Geistes- oder Hirnerkrankungen aus ihnen erkennen und übermorgen sich gar schon Briefe in Hirnschrift schreiben« (»Düsseldorfer Stadtanzeiger« vom 6.8.1930).

Berger war jedoch auch »Förderndes Mitglied« der SS. In Jena setzte er das »Gesetz zur Verhütung erbkranken Nachwuchses« um und führte Zwangssterilisationen durch. 1941, anscheinend in einem depressiven Anfall, erhängte sich Berger dort, wo er viele Jahre zuvor die ersten Kurven eines EEG aufzeichnete.

Der Beitrag Bergers zur Zwangssterilisation ist eindeutig belegt. Trotzdem trägt die Klinik für Psychiatrie seinen Namen, und eine Büste – mit müdem Gesichtsausdruck – huldigt Berger vor ebenjener Klinik. Das ist sehr eigenartig, wo Widerstand und Erinnerungskultur in Jena doch so ernst genommen werden.

Adresse Philosophenweg 3, 07743 Jena-West | **ÖPNV** Bus 16, Haltestelle Am Steiger | **Tipp** Am Heinrichsberg befindet sich eine Gedenkstätte für die Opfer der Nazidiktatur. Sie trägt die Aufschrift »UNSEREN TOTEN / ZUM GEDENKEN / IHREN MÖRDERN / ZUR SCHANDE / DEN LEBENDEN / ZUR MAHNUNG«.

48 Die Heimat der Wagner

Die Geschichte einer Kneipenmeile

Denkt man sich, Jena wäre ein Körper, dann läge das pulsierende, wichtigste Organ, das Herz, wohl in der Wagnergasse. Hier reiht sich Kneipe an Kneipe, und zahlreiche Restaurants, kleine Geschäfte, Cafés und der Veranstaltungsort Wagner Café e. V. laden Gäste verschiedener Generationen, verschiedener Nationen und verschiedenen Geschmacks dazu ein, die Stadt zu beleben. Dies sorgt stets für ein entspanntes Miteinander und eine charmante Atmosphäre.

Die Wagnergasse, im historischen Jena außerhalb der Stadtmauern gelegen, war einst Teil der Handelsstraße nach Erfurt und Weimar. So ist es nicht verwunderlich, dass sich bereits sehr früh Handwerker hier ansiedelten, die mit dem Bau von Kutschen und Wägen beschäftigt waren: die Wagner. Noch bis in die 1930er Jahre war die Straße die einzige nach Westen. Sogar die Straßenbahn fuhr durch die Wagnergasse ins Mühltal und von 1969 bis 1996 ein Linienbus. Bis in die 1990er Jahre war das Bild von kleinen Geschäften geprägt. Doch von der gastronomischen Vielfalt von heute war damals noch nichts zu sehen. Es gab nur eine einzige Kneipe – »Der goldene Anker«. Seit 1995, mit der Eröffnung des bis heute sehr beliebten Cafés mit dem geschichtlich sehr bezeichnenden Namen »Stilbruch«, entwickelte sich die Wagnergasse zunehmend zur beliebten Kneipenmeile, die auch Veranstaltungsort zahlreicher Events wie der Jazzmeile und der Schwarzbiernacht war und ist.

Am Fuße der Wagnergasse auf dem Johannisplatz eine kultige Currywurst bei Fritz Mitte genießen, einen Kaffee trinken, mit Freunden bei einem Glas Bier den Tag Revue passieren lassen, ausgiebig frühstücken oder gemütlich zu Abend essen, durch die kleinen, sympathischen Geschäfte schlendern oder zu einer Veranstaltung ins Café Wagner gehen: Auf Jenas Kneipenmeile findet jeder etwas für den persönlichen Geschmack.

Adresse Wagnergasse 1, 07743 Jena-Zentrum | **ÖPNV** Tram 5, 33, 35, Haltestelle Ernst-Abbe-Platz; Bus 10, 11, 12, 14, 15, 16, Haltestelle Teichgraben | **Tipp** Tapas, Burger, Bratkartoffeln, Cocktails, Kuchen oder einfach nur Bier – hier findet jeder das Richtige! Im Kreativladen »Fräulein Meier« findet man zahlreiche tolle Produkte aus Handarbeit (geöffnet Di – Fr 10 – 18 Uhr, Sa 11 – 15 Uhr).

49 Die Hofanlage

400 Jahre Geschichte

Wer hat schon mal gerolfinckt? Noch nicht gerolfinckt? Nicht ein einziges Mal gerolfinckt? Das trifft wahrscheinlich auf die meisten zu, denn »rolfincken« ist eine scherzhafte Bezeichnung fürs Sezieren von Leichen. Wir stehen also vor diesem hübsch verzierten und offensichtlich recht neu sanierten Hoftor und fragen uns, was das Ganze mit Sezieren zu tun hat.

Das Tor und die Fußgängerpforte sind Teil einer Hofanlage, die bereits über 400 Jahre alt ist. Der Amtsschreiber Christof Schlichter hatte das Gut wohl damals erbaut. Dahinter begann gleich der Acker, denn der Jugendstilstadtteil »Damenviertel« wurde hier erst ab 1900 erbaut. Nachdem Schlichter 1625 verstorben war, ging das Anwesen in den Besitz des Professors für Anatomie Werner Rolfinck über. Zwei hingerichtete Bauernsöhne waren 1629 die Ersten, die unter Rolfincks Messer »gerolfinckt« wurden.

1825, 200 Jahre nachdem der Anatom in den Besitz des Gutshofs gekommen war, zog Caroline von Wolzogen, Schillers Schwägerin, in das Haupthaus des Anwesens. Und so entstand hier ihr Werk »Schillers Leben, verfaßt aus den Erinnerungen der Familie, seinen eigenen Briefen und den Nachrichten seines Freundes Körner«. Sie lebte hier bis zu ihrem Tod 1847. Um 1887 erfolgte der Umbau des Gutshauses zum Gasthof »Deutscher Kaiser«.

2013 wurden das Hoftor und die Fußgängerpforte aufwendig restauriert. Nach einer Vorgabe des Denkmalamtes ist der Anstrich in Weiß und Tonfarben mit rot abgesetzten Ornamenten den Originalfarben nachempfunden. Das attraktive Relikt aus längst vergangener Zeit, das einzig verbliebene Tor, welches so auffällig verziert ist, bildet einen historischen Kontrast zur modernen Architektur des Neubau-Komplexes. Dieses kleine Bauwerk ist ein wunderbares Beispiel dafür, dass historische Schmuckstücke bewahrt werden sollten, um das Stadtbild im Zeitalter der permanenten Bebauung aufzuwerten.

Adresse Bibliotheksweg 1a, 07743 Jena-Zentrum | ÖPNV Tram 1, 4, 34 oder Bus 15, Haltestelle Spittelplatz | Tipp Die »JG Stadtmitte« ist ganz in der Nähe. Ein wichtiger Ort für politischen Aktivismus. Es finden auch Konzerte statt, es gibt die regelmäßige Volksküche und ein offenes Café (geöffnet Mi–Fr 11–20 Uhr, www.jg-stadtmitte.de).

50_Die Hologramm-Fassade

Auf ein Tänzchen mit der Sonne

Um sich Tickets für eine zukünftige Veranstaltung zu kaufen oder um ein kleines Geschenk für einen Gast Jenas zu besorgen, ist man in der Tourist-Information direkt am Markt genau richtig. Auf dem Weg zum Eingang lohnt es sich jedoch, noch einmal stehen zu bleiben und die Fassade des historischen Gebäudes, dessen Ursprünge bis ins Jahr 1384 zurückgehen, zu betrachten. Geht man nur wenige Meter nach links oder nach rechts, eröffnen sich einmalige Perspektiven. Grund dafür ist die Hologramminstallation des Architekten und Künstlers Ruairí O'Brien.

Am 3. Oktober 2008 wurde die neue Tourist-Information in Jena am Markt nach Sanierung und Neugestaltung eröffnet. Als Fassade entschied man sich für eine 16 Meter hohe, begehbare Tag- und Nachtlichtskulptur. Durch den stets verschiedenen Lichteinfall, abhängig vom Blickwinkel des Betrachters, entstehen einmalige kaleidoskopische Sichtweisen, wechselnde Perspektiven und Sichtachsen. Die Hologrammfassade nutzt das natürliche Licht, und so leuchten die Elemente je nach Tages- oder Jahreszeit und Standpunkt des Betrachters verschiedenartig.

Laut dem Künstler verkörpert das Hologramm das Wesen der Stadt Jena. Die Fassade ist eine Hommage an ihre geistige und wirtschaftliche Identität. Die dem denkmalgeschützten Bestand vorangestellte, eigenständige Aluminium-Stahl-Glas-Konstruktion ist räumlicher Ausdruck des Stadtspeicherkonzepts. Sie bildet eine maßgeschneiderte Verbindung zwischen zeitgenössischer Architektur und historischem Bestand. Im Gebäude befindet sich neben der Tourist-Information auch der Jenaer Kunstverein e. V.

Wenn man beim Gang zum Stadtspeicher also Menschen sieht, die in seltsamen Winkeln vor dem Gebäude umhertanzen, sollte man sie nicht meiden, sondern sich dem kleinen Tänzchen anschließen und sich an den Licht- und Farbenspielereien der Fassade erfreuen.

Adresse Markt 1, 07743 Jena-Zentrum | ÖPNV Tram 5, 33, 35, Haltestelle Holzmarkt; Tram 1, 2, 3, 4, 34, Haltestelle Löbdergraben; Bus 10, 11, 12, 14, 15, 16, Haltestelle Teichgraben | Öffnungszeiten Mo–Fr 10–19 Uhr, Sa, So 10–16 Uhr | Tipp Wenn man mal wieder einen Geburtstag vergessen hat, dann findet man hier auch am Sonntag ein paar schöne Jena-Kleinigkeiten. Die Galerie des Kunstvereins ist Mittwoch und Freitag von 12 bis 16 Uhr, Donnerstag von 12 bis 19 Uhr sowie Samstag von 12 bis 16 Uhr geöffnet.

51 Das Hundegrab

Was hat es mit dem mysteriösen Bauwerk auf sich?

Wenn eine Stadt in einem Tal liegt, bieten sich in der Regel ausgiebige Wandermöglichkeiten. Jena liegt in einem solchen Tal, dem Saaletal, und hat mit der Saale-Horizontale, der Kunitzburg, dem Hausberg mit dem Fuchsturm und dem Jenzig wirklich ein paar schöne Wanderwege zu bieten.

Letzterer, der Jenzig, ist mit seinen 385 Metern nicht nur der höchste Berg Jenas, sondern wird wegen seiner prägnanten Form auch Jenzignase genannt. Er ist eins von Jenas Sieben Wundern. Der Muschelkalkberg bietet fünf Wanderrouten, und neben dem Lokal »Jenzighaus« ist der phantastische Ausblick ein guter Grund, die Jenzignase zu erklimmen.

Auf den Wanderwegen gibt es natürlich viele Kleinigkeiten zu entdecken. Kommt man aus Richtung Jena-Ost, gönnt sich ein kühles Getränk im Jenzighaus und geht dann weiter Richtung Norden, gelangt man zu einem kleinen und unheimlichen Gebäude: dem Hundegrab.

Das kleine Bauwerk befindet sich auf dem nördlichen Bergplateau und ist mit dem Familienwappen derer von Tümpling, zwei einander zugewandten Sicheln, versehen. Verschiedene Gerüchte ranken sich um das massive Häuschen. Manche halten es für eine Schutzhütte, andere tatsächlich für ein Hundegrab. Diese Vorstellung kommt nicht von ungefähr, denn auf einer Steintafel an der Front steht geschrieben: »Cäsar hier begraben lag«. Doch wer war Cäsar? Vielleicht ein Jagdhund der Tümplings? Oder handelt es sich bei der Inschrift um den Streich von Studenten an ihrem Geschichtsprofessor Klopffleisch?

Der Archäologe war zu seiner Zeit am Bergplateau tätig, und seine Studenten überbrachten ihm die Nachricht eines entdeckten Hünengrabes. Aufgeregt und mit großem Publikumsinteresse machte er sich auf die Suche und fand statt der großen Entdeckung einen Bierkrug mit einer Nachricht: »Julius Cäsar liebt seinen lieben Klopffleisch.«

Adresse Am Jenzig 99, 07749 Jena-Wenigenjena | **ÖPNV** Tram 2, 3, 33, Haltestelle Jenzigweg, von da heißt es wandern (circa 2,1 Kilometer), von der Feuerstelle aus zu einem Aussichtspunkt, welcher auch Startplatz für Drachen- und Gleitschirmflieger ist, hier führt ein unscheinbarer Weg rechts hinter der Bank in den Wald, ab hier sind es noch ein paar Meter | **Tipp** Von hier lässt es sich sehr angenehm zum umstrittenen Schloss Thalstein und dem Erlkönig (siehe Ort 88) herunterwandern. Adrenalinjunkies aufgepasst: Auch wenn man an einer BMX-/Motocross-Strecke vorbeiwandert, sollte man es sich verkneifen, diese herunterzurennen.

52_Jena21

Vom Pförtnerhaus zur denkmalgeschützten Ruine

Durch »Jena21«, den neu entstehenden Technologiepark in Göschwitz, zu spazieren gehört sicher nicht zu den beliebtesten Aktivitäten von Jenas Bürgern und Gästen. Der Name steht unter keinem guten Stern, und ähnlich wie der Namensvetter in Stuttgart stößt auch in Jena das Großprojekt auf viel Kritik. Trotzdem lohnt ein Blick – aus historischen und auch architektonischen Gründen. Zwischen bereits erschlossenen Grundstücken und bezogenen Gebäuden sieht man doch hier und da vereinzelte Häuser, die nicht so recht ins Bild passen. Sehr auffällig ist das ehemalige Pförtnerhaus.

Das kleine Gebäude, welches man fast als Ruine bezeichnen kann, hat zerschlagene Fensterscheiben, der Putz bröckelt überall, und die Fassade wurde mit zahlreichen Kritzeleien »verziert«. Und dennoch steht es unter Denkmalschutz. Das Pförtnerhäuschen stellt eine Art Musterhaus dar und sollte aufzeigen, welche Möglichkeiten das Material Zement damals, im frühen 20. Jahrhundert, bot. Auch heute ist jene Vision zweifellos noch zu erkennen. Erker, Säulen und eine Fassade, die einem Mauerwerk ähnelt, zieren das massive kleine Gebäude, welches von Reinhard Berner 1919 entworfen wurde.

Das Pförtnerhäuschen, die Prüssing-Villa und ein Laborgebäude sind die einzigen noch verbliebenen Zeitzeugen aus einer Epoche, in der hier jährlich über 270.000 Tonnen Zement verkauft wurden. Hunderte Arbeiter gingen täglich am Tor neben dem Häuschen vorbei und verarbeiteten den Kalkstein, der zuvor vom oberhalb gelegenen Mönchsberg abgetragen wurde. Das Geschäft boomte, und das Zementwerk überlebte selbst die starken Schäden des Bombenangriffs 1945. Aufgrund der heftigen Staubablagerungen, die sich in der Forschung von Zeiss stark bemerkbar machten, musste die Fabrik 1967 die Tore schließen. Übrig ist das Relikt, das kleine verfallene Pförtnerhäuschen, das vielleicht nur auf eine neue Bestimmung wartet.

Adresse Otto-Eppenstein-Straße 3, 07745 Jena-Göschwitz | **ÖPNV** Bus 12, 18, 48, Haltestelle Jena21 | **Öffnungszeiten** nur von außen zu betrachten | **Tipp** Wer (warum auch immer) Lust auf Bowling hat, der ist am Jembo Park (Tel. 03641/6850) gut aufgehoben. Wer keine Lust hat, trinkt eine Cola und guckt abwechselnd auf die Uhr und den anderen zu.

53__Jesus am Giebel

Lasst uns in den Himmel schauen

Das Hauptgebäude der Universität Jena gilt als einer der bedeutendsten deutschen Hochschulbauten aus dem frühen 20. Jahrhundert. 1905 begannen die Arbeiten daran. Für die Universität musste das barocke, aber doch stark in die Jahre gekommene Residenzschloss des Großherzogs von Sachsen-Weimar-Eisenach weichen. Der Architekt Theodor Fischer wollte es jedoch nicht einfach spurlos abreißen, sondern war gewillt, alte Fragmente des Schlosses in das neue Universitätsgebäude einzuarbeiten, so zum Beispiel die geschnitzte Eichentür oder eine barocke Stuckdecke. 1908 wurde das Gebäude feierlich eingeweiht. Seitdem gehen hier täglich Tausende Studenten ihrem Studium nach, viele bedeutende Persönlichkeiten haben hier gelernt. Doch auch für Nichtstudenten gibt es einiges zu entdecken.

Am Giebel der Nordwestseite lohnt es sich, in Richtung Himmel zu gucken und kurz stehen zu bleiben, damit man nicht versehentlich gegen ein Straßenschild läuft. In imposanter Höhe hängt dort das steinerne Gesicht von Jesus Christus. Mit leidendem Ausdruck und Dornenkranz auf dem Kopf schaut er in die Ferne.

Kunstbildhauer Ernst Neumeister ist der Schöpfer der Verzierung. Leider ist über Neumeister ähnlich wenig bekannt wie über den Grund, warum sich der Kopf Christi am Giebel befindet.

Neumeister arbeitete 1901 zusammen mit dem Architekten Theodor Fischer an der Erlöserkirche in München. Es könnte Neumeisters Wunsch gewesen sein, den leidenden, menschlichen Jesus über Jena wachen zu lassen – von vielen übersehen, aber trotzdem präsent. Vielleicht sind die Nähe zur Stadtkirche, die Verbindung der Universität mit der Theologie, der Akademie mit der Religion die Gründe, warum des Gesicht Jesus am Hauptgebäude angebracht wurde. Das Werk ist eher unbekannt, aber die Arbeit ist beeindruckend, und der (vorsichtige) Blick in den Himmel lohnt, ob Student oder nicht, ob gläubig oder nicht.

Adresse Fürstengraben 1, 07743 Jena-Zentrum | ÖPNV Tram 1, 4, 34 oder Bus 15, Haltestelle Universität | Tipp Vom Parkplatz hinter der Stadtkirche und vom Fürstengraben aus hat man ebenfalls einen wunderbaren Blick auf Jesus.

54 Das Johannistor

Einfach durch oder drum herum? Wer ist mutig genug?

20.000 Studenten und das damit einhergehende junge Stadtbild sorgen für eine hohe Dichte an Cafés, Kneipen und Einkaufsmöglichkeiten in Jenas Zentrum. Ernst-Abbe-Hochschule und Friedrich-Schiller-Universität verleihen Jena ein einzigartiges akademisches Wesen. Die moderne Unibibliothek ist dabei natürlich ein ebenso wichtiger Knotenpunkt wie der Campus auf dem Ernst-Abbe-Platz zwischen Hörsälen, Mensa und der Goethe Galerie. Gerade zur Prüfungszeit versuchen sich die Studierenden gemeinsam vom Lernstress abzulenken. Doch ein sehr einprägsames Bauwerk wird zu dieser Zeit gemieden.

Von der alten Festung Jenas ist nicht mehr viel übrig. Neben drei Ecktürmen ist das Johannistor das einzige verbliebene Stadttor. Über einen Gang verbunden mit dem Pulverturm, bildet das Stadtmauerensemble den nordwestlichen Teil der Befestigung. 1304 wird es erstmals urkundlich erwähnt als westlicher Torturm, im 15. Jahrhundert erfolgen der Umbau nach spätgotischem Vorbild sowie der Anbau eines Erkers. Die Gesamthöhe des Johannistors beträgt 31,70 Meter. Der einzige Zugang führt über den Wehrgang durch eine kleine Pforte in fast acht Meter Höhe. Davor lag die Johannisvorstadt, eine von vier Vorstädten des mittelalterlichen Jenas.

Während früher alle Studenten durch das Johannistor gehen mussten, um in die Innenstadt und zur alten Universität zu gelangen, wird dieser Durchgang heute gern gemieden. Denn ein Aberglaube hält sich wacker in Jena: Wer vor einer Prüfung steht und durch das Johannistor geht, der wird ebendiese nicht bestehen. Woher diese vor allem von Medizinstudenten weitergetragene Legende kommt, weiß niemand genau. Es gibt auch mutige Studenten, die trotz Durchschreiten des Tores ihre Prüfung bestanden haben. Aber sicher schadet es nicht, das Risiko zu vermeiden und die paar Meter Umweg um das Johannistor in Kauf zu nehmen.

Adresse Am Pulverturm, 07743 Jena-Zentrum | ÖPNV Bus 16, Haltestelle Johannisplatz | Tipp Im Faulloch findet jährlich der historische Weihnachtsmarkt statt. Ein Besuch ist immer sehr schön und gibt der Weihnachtszeit noch mal einen außergewöhnlichen Touch.

55 Die Kaleidoskop-Schule

Friedenstaube und Raumfahrt

Die geplanten Wohngebiete von Großstädten haben es zumeist schwer, aus gewissen Klischees herauszukommen. Auf den ersten Blick sieht man hier nur die zweckmäßigen alten und neuen Plattenbauten, Kaufhallen, Straßenbahnen, Kindergärten und Schulen. Lobeda-West ist eines dieser Wohngebiete. Aber wie es eben mit Klischees so ist – meist lohnt der Blick hinter die Fassade. Speziell bei diesem Ort reicht sogar der Blick auf eine bestimmte Fassade.

Viele öffentliche Plätze, Brunnen und Grünflächen werten das Erscheinungsbild Lobedas um ein Vielfaches auf. Und hier und da blitzt auch Außergewöhnliches auf. Der feuerrot-orange Komplex der Kaleidoskop-Schule, an deren Fassade sich eine alte Aluminiumblechinstallation von Kurt Opitz befindet, ist eine dieser Besonderheiten.

Als Symbol des Friedens, angelehnt an die Lithografie der Friedenstaube von Pablo Picasso, befindet sich hier eine große fliegende Taube aus dem Jahr 1971. Eine weitere Metallgestaltung an dem Schulgebäude in der Karl-Marx-Allee, ebenfalls von Opitz, aus dem Jahr 1971 ist der Raumfahrt gewidmet. Die Mondlandung der Apollo 11 war Anfang der 70er Jahre noch präsent, und durch den Wettstreit der USA und der UdSSR war die Faszination für das Thema Raumfahrt groß. Jena sollte in diesem Zusammenhang nur wenige Jahre später selbst eine wichtige Rolle spielen, denn auch das Kombinat VEB Carl Zeiss Jena erweiterte sein Spektrum der Forschung und Produktion für die Raumfahrt. Beide Wandbilder sind sehr stilisiert und abstrakt und schmiegen sich wunderbar in das formale architektonische Umfeld des Wohngebietes.

2010 wurden die gut fünf mal acht Meter großen Wandbilder ins Innere des Schulhofs umgesetzt, sind aber von der Straße aus durch den Kontrast zum roten Schulgebäude wunderbar zu erkennen, und so lohnt sich nach Schulschluss ein Gang rund um den Komplex.

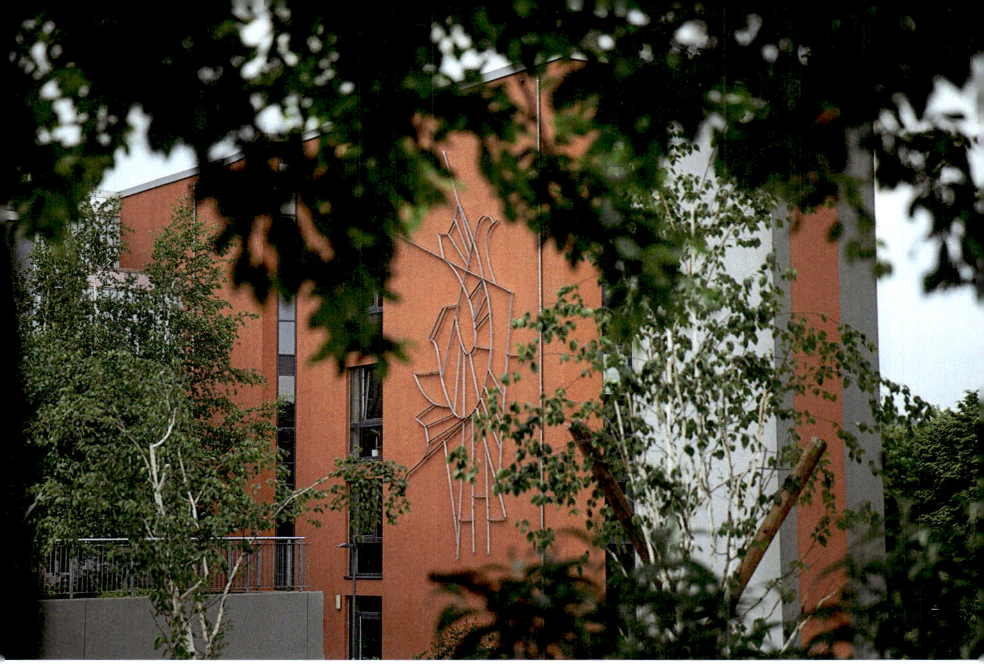

Adresse Karl-Marx-Allee 11, 07747 Jena-Neulobeda | ÖPNV Tram 1, 3, 4, 33, 35, Bus 10, 42, Haltestelle Emil-Wölk-Straße | Tipp Durch den Kontrast zur roten Fassade sind die beiden Arbeiten ein tolles Fotomotiv. Aber bitte wirklich bis zum späteren Nachmittag warten, wenn die Schüler alle raus sind. Vielleicht verbindet man den Besuch mit einem Football-Spiel der Hanfrieds im Sportpark gleich nebenan? Spielplan: www.hanfrieds.de

56 Das Karmelitenkloster

Druckerei der Jenaer Luther-Bibel

Zwischen Theaterhaus und der Fritz Mitte Eatery (siehe Ort 39), zwischen dem historischen Postgebäude und der Holzmarktpassage, zwischen der Goethe Galerie und dem Paradiesbahnhof stand einst das kleinste der drei Jenaer Klöster, das 1414 gegründete Karmelitenkloster. Zur Reformation wurde es säkularisiert und später eine Druckerei eingerichtet, in der die Jenaer Ausgabe der Luther-Bibel gedruckt wurde. Zahlreiche Holzbauteile des Gebäudes wurden jedoch während des Dreißigjährigen Krieges herausgerissen, um Befestigungen aufzubauen. Im 17. Jahrhundert richtete man hier eine Gastwirtschaft ein, und im Laufe der Zeit wurde das Kloster nach und nach abgetragen.

Zum Reformationsjubiläum 2017 erwartete Jena jedoch eine ganz besondere Eröffnung. Die Sakristei, der Kapitelsaal und ein Strebepfeiler des Kirchenchors wurden restauriert und der Öffentlichkeit zugänglich gemacht. Die bedeutende Geschichte des Karmelitenklosters und die Tatsache, dass an dieser Stelle die Jenaer Ausgabe der Luther-Bibel gedruckt wurde, führten zum Entschluss, die erhaltenen Gebäudeteile aufzuarbeiten. Insgesamt wurden 720.000 Euro in die zehn Monate andauernde Sanierung investiert, 120.000 Euro kamen von städtischen Eigenbetrieben, der Rest wurde über Städtebaufördermittel des Landes und die Denkmalpflege finanziert.

Die öffentliche Besichtigung des Inneren der Ruine ist nur auf Termin möglich. Seit Ostern 2017 können sich Interessierte aber nach Voranmeldung in der Jenaer Touristen-Information durch die Innenräume führen lassen. Eine Ausstellung informiert über die wechselhafte Geschichte des Klosters, die unterschiedliche Nutzung des Gebäudes und über gefundene Relikte.

Im Außenbereich ist der Verlauf der Grundmauern, des Kreuzganges und des Klosterhofs durch Pflasterungen nachgebildet. Hier findet man Tafeln, die erste Informationen über das Jenaer Karmelitenkloster geben.

Adresse Engelplatz, 07743 Jena-Zentrum | ÖPNV Tram 5, 33, 35, Haltestelle Holzmarkt; Tram 1, 2, 3, 4, 34, Haltestelle Löbdergraben; Bus 10, 11, 12, 14, 15, 16, Haltestelle Teichgraben | Öffnungszeiten von außen jederzeit zu betrachten, nach Anmeldung in der Tourist-Information kann man sich durch die Ruine führen lassen, Tel. 03641/498050, das Kloster ist für Besucher vom 31. März bis zum 28. Okt. Sa 11–13 Uhr und So 14–16 Uhr geöffnet | Tipp Mit einer Broschüre des Klosters in der Hand kann man sich um die Ecke ins »Black Bean« setzen, um einen leckeren Kaffee oder eine andere Spezialität zu trinken (geöffnet Mo–Fr 8–20 Uhr, Sa 10–21 Uhr, So 13–20 Uhr).

57_Der Karzer

Strafe und Ehre zugleich

Wer einen Tag, drei Tage oder bis zu zwei Wochen im »Hotel zur akademischen Freiheit« verbrachte, hatte entgegen der Bezeichnung keinen frisch gepressten Orangensaft und Croissants mit Marmelade zu erwarten. Gemeint ist eigentlich auch keine luxuriöse Unterkunft, sondern der Karzer, also eine Art Strafzelle der Universität. Online gab es hier auch keins der neun Zimmer zu buchen, vielmehr musste man kleine bis mittlere Straftaten begehen, um in den Genuss zu kommen – von schnellem Reiten über Faulheit bis zum Ausschütten von Nachttöpfen aus dem Fenster.

Die neun Karzerräume der Universität Jena wurden von 1548 bis 1908 benutzt. Einer von ihnen ist vor allem durch seine Wände bekannt. Innen sind Graffiti des Schweizer Karikaturisten Martin Disteli zu sehen, der 1822 hier einsaß. Er zeichnete seine eigene, mit den Köpfen seiner Professoren ausgestattete Interpretation von »Der Raub der Sabinerinnen«.

Bis ins 20. Jahrhundert war die Haftverbüßung von Studenten durch ihre Universitäten zulässig. Die meisten Karzer wurden aber bis 1914 aufgelöst. Die Strafe selbst war an einigen Universitäten noch bis in die 1930er Jahre offiziell zulässig. In den Anfängen der akademischen Gerichtsbarkeit war die Karzerstrafe ein gefürchtetes Strafinstrument und galt als schwerer Eingriff in die persönliche Freiheit. Im Laufe des 19. Jahrhunderts verlor der Karzer aber stark an Respekt. Ganz im Gegenteil, galt es als Ehrensache für jeden Studenten, mindestens einmal im Laufe der Studienzeit im Karzer einzusitzen. Dieses Ereignis wurde dann auch gebührend begangen, wie die wenig besinnlichen Wand-, Tisch- und Türmalereien belegen.

Der Karzer der Universität Jena ist noch heute am Gitterfenster im Kollegienhof gut zu erkennen. Leider ist er nicht für die Öffentlichkeit zugänglich, ein nachgestelltes Karzerzimmer kann man aber im Stadtmuseum besichtigen.

Adresse Kollegiengasse 10, 07743 Jena-Zentrum | ÖPNV Tram 5, 33, 35, Haltestelle Ernst-Abbe-Platz; Bus 10, 11, 12, 14, 15, 16, Haltestelle Teichgraben | Öffnungszeiten Das original Karzerfenster ist nur von außen zu betrachten. | Tipp Im Stadtmuseum kann man in der ersten Etage der Ausstellung eine Nachbildung des Karzers mit zusätzlichen Informationen angucken. Neben dieser Kopie erhält man im sehr geschmackvollen Museum unzählige Infos zur Geschichte der Stadt auf vielen Etagen (geöffnet Di, Mi, Fr 10 – 17 Uhr, Do 15 – 22 Uhr, Sa, So 11 – 18 Uhr).

58 Das Kino am Markt

Kein Popcorn, kein Schnickschnack

Die modernen Streamingdienste haben die jahrzehntelang beliebten Videotheken so langsam abgelöst. Für Filmfreunde ist das eine wirklich traurige Entwicklung. Das Stöbern mit den klassischen Hüllen in der Hand war doch bedeutend entspannter als das über einen Screen. Aber wenn man nicht gerade im Zentrum wohnt, war es um Videotheken in Jena ohnehin noch nie besonders gut bestellt. Doch wie sieht es mit den Kinos in der Universitätsstadt aus?

Das große Kino am Holzmarkt hält sich wacker, und für alle, die Lust haben, einen aktuellen Blockbuster auf der großen Leinwand zu sehen, ist das sicher die richtige Adresse. Wer sich eher zu kleineren Produktionen hingezogen fühlt und sich besondere Filme im gemütlichen Saal ansehen möchte, ist seit vielen Jahren mit dem Schillerhof glücklich (siehe Ort 87). Allerdings ist dieses wundervolle kleine Kino nicht gerade zentral gelegen und die Anfahrt mit dem Nahverkehr, zum Beispiel aus Lobeda, gleicht einer kleinen Weltreise. Seit Januar 2016 gibt es aber mitten im Zentrum eine schöne Alternative.

Direkt im Herzen der Stadt und gleich neben dem Stadtmuseum findet man das Kino am Markt. Die Inhaber bezeichnen es selbst als »kleine Schwester des Kinos im Schillerhof«. Das Hauptaugenmerk ist hier klar definiert: Es geht einfach um gute Filme. Es gibt kein Popcorn, und das Foyer ist mit Absicht kühl gehalten. Betritt man jedoch einen der zwei gemütlichen Kinosäle, wird dem Filmfreund schnell warm ums Herz. Die nostalgisch gehaltenen Farben und die Nähe zur Leinwand erinnern einen an Filmtheater von früher. Und das Beste: Es gibt keine Werbung!

Ein erlesenes Programm mit scharfen Bildern und einer kleinen Auswahl an Getränken macht das kleine Kino hinter dem Rücken des Hanfrieds zu einem besonderen Fleck in Jenas Kulturprogramm. Und wer einmal Pause von Hulk und Luke Skywalker braucht, wird hier mit Sicherheit fündig.

Adresse Markt 5, 07743 Jena-Zentrum | ÖPNV Tram 5, 33, 35, Haltestelle Holzmarkt; Tram 1, 2, 3, 4, 34, Haltestelle Löbdergraben; Bus 10, 11, 12, 14, 15, 16, Haltestelle Teichgraben | Öffnungszeiten am späteren Nachmittag beginnen meist die ersten Vorstellungen | Tipp Geht öfter ins Kino! Wer danach noch eine entspannte Auswertung des Gesehenen wünscht, findet in der Nähe zahlreiche Möglichkeiten zu Einkehr. Zum Beispiel das altehrwürdige Restaurant »Zur Noll« (geöffnet Mo – Sa 11 – 1 Uhr, So 11 – 0 Uhr).

59 Die Kunst am Novalisweg

Liebespaar, Geißelung, Sonnenstein und Satori

Auch außerhalb des Jenaer Stadtzentrums gibt es viel zu entdecken. Zum Beispiel auf der Wanderroute Novalisweg, welche das Romantikerhaus mit dem 15 Kilometer entfernten Schlöben verbindet. Ebendieser Weg führt auch durch den Goethepark in Drackendorf oberhalb von Lobeda-Ost.

Im Rahmen der Bildhauersymposien im Steinbruch in Gröben im Jahr 2013 und 2014 – sowie im Glashaus im Jenaer Paradiespark 2015 – und im Rahmen des Novalis-Kunstprojekts 2015 in Schlöben entstanden 17 eigens für den Weg konzipierte Skulpturen. Die künstlerischen Wegweiser der Bildhauer Barbara Magdalena Neuhäuser (Gröben), Gernot Egwald Ehrsam (Erfurt), Immanuel Kraus (Bürgel), Klaus Langmann (Stadtroda), Frank Mühlfriedel (Erfurt) sowie der aus Finnland stammenden Künstlerin Sanna Karlsson Sutisma (Helsinki) verschönern den Wanderweg in Drackendorf, Rabis, Fraitsch, Zöttnitz und Schlöben. Eine dieser wundervollen Skulpturen steht am Eingang des Drackendorfer Goetheparks.

Die Skulptur des Malers und Bildhauers Immanuel Kraus trägt den Titel »Liebespaar«. Das Kunstwerk aus dem Jahr 2015 zeigt zwei eng umschlungene Figuren als Stein-Metamorphose. Kraus hat sich für sein Werk von der blauen Blume, einem zentralen Symbol der Romantik, inspirieren lassen. Als reale Vorbilder dieser Pflanze kann man in Mitteleuropa die Kornblume oder die Wegwarte finden. Von diesem Symbol inspiriert, hat Kraus die einzigartige Skulptur aus einem mit blauen Pigmenten eingefärbten Sandsteinblock angefertigt.

Neben diesem Werk befinden sich im selben Stadtteil noch die Figuren »Geißelung« von Klaus Langmann (im Drackendorfer Park) sowie »Sonnenstein« von Gernot Egwald Ehrsam und »Satori« von Barbara Magdalena Neuhäuser (in der Ortsmitte von Drackendorf).

Ob auf dem Novalisweg oder bei einem Abstecher nach Drackendorf – ein Besuch der Skulpturen lohnt sich.

Adresse Am Goethepark, 07751 Jena-Drackendorf | **ÖPNV** Tram 3, 5, 34, 35, Haltestelle Richard-Sorge-Straße | **Tipp** Hinter dem »Liebespaar« steht das 1908 errichtete Transformatorenhaus, welches 2003 seine neue Funktion als Artenschutzgebäude übernommen hat.

60 Der Kunstautomat

Rund um die Uhr Kunst to go

Jena hat Süßigkeitenautomaten, Jena hat Getränkeautomaten, Jena hat Geldautomaten, Kaffeeautomaten, Zigarettenautomaten, Fahrscheinautomaten, Fahrradschlauchautomaten, Kondomautomaten, und sogar einen Pizzaautomaten hatten wir einmal im alten Gebäude des Paradiesbahnhofs. Ein Automat aber ist etwas Besonderes: In Jena gibt es auch einen Kunstautomaten, und für diesen braucht man nur dreimal einen Euro.

Am 11. November 1999 haben die beiden Galeristen Armin Huber und Torsten Treff mit einer Ausstellung von Cath Meyer aus Apolda ihre Galeristentätigkeit in Jena begonnen. In der Galerie selbst fanden in den fast 20 Jahren bis heute über 70 Ausstellungen zeitgenössischer Kunst verschiedener Genres statt. Dank personellem Engagement und von Beginn an erfolgreicher Arbeit gelang es im Laufe der Zeit, einen wichtigen und festen Kulturstandort für die Stadt Jena zu erschaffen. In Zusammenarbeit mit verschiedenen Galerien und Museen in anderen Städten ermöglichen Huber & Treff Jenaer Künstlern, ein Publikum fern ihrer Heimatstadt zu erreichen. In der Galerie selbst kommen interessierte Jenaer Bürger in den Genuss neuer nationaler und internationaler Künstler. Der Name soll dabei gar nicht wichtig sein, denn es geht den Galeristen um die Qualität der Arbeit. So gelang es vielen jungen Künstlern, ihre ersten Schritte des Erfolgs dank dieser Galerie zu machen.

Und ein besonderer Ort im Jenaer Stadtbild, der Kunstautomat, steht direkt im Garten der Galerie. Kunst zum Ziehen, wie bei einem Zigarettenautomaten. Eigentlich als Gag konzipiert, ist der Automat inzwischen Kult. Das Bedürfnis nach schnellen Produkten ist der Grundgedanke der Idee. Das große Sichtfenster war den Galeristen sehr wichtig. Sie fanden den alten Brötchenautomaten aus dem Jahr 1968 in Franken und brachten ihn nach Jena. Hier bekommt man nun stets kleine Kunstwerke inklusive Informationen zum jeweiligen Künstler.

Adresse Charlottenstraße 19, 07749 Jena-Wenigenjena | ÖPNV Tram 2, 3, 33, Bus 14, Haltestelle Schlippenstraße | Öffnungszeiten jederzeit zugänglich | Tipp Auch die Galerie selbst mit der jeweils aktuellen Ausstellung lohnt einen Besuch (geöffnet Mo 9–13 Uhr, Do und Fr 15–20 Uhr, Sa 10–16 Uhr).

61 Das Kupferhütchen

Solange kein Riese vorbeikommt …

Der Legende nach verdankt Jena eines seiner Sieben Wunder, den Fuchsturm, einem Riesen. Und auch nur einem Riesen kann es wohl gelingen, sich das Kupferhütchen aufs Haupt zu setzen.

Das Kupferhütchen hängt in einer Höhe von 4,53 Metern. Es ist an seinem Platz weder versteckt, noch wird es von anderen Attraktionen überschattet. Bisweilen vermag auch der Wind die achtgliedrige Kette samt Hütchen zu bewegen. Dennoch schreiten täglich Passanten unter ihm hindurch, ohne es zu bemerken. Für die einen gehört es eben ins bekannte Stadtbild, für die anderen ist es schlichtweg nicht existent.

Doch das Kupferhütchen ist ein wahres Kleinod und kaum weniger als ein Sinnbild für Jenas berühmte Kneipen- und Kaffeehauskultur.

Das Gebäude, an dem das Kupferhütchen hängt, wurde 1938 erbaut. Zuvor stand an dieser Stelle ein Haus, das von 1750 bis 1850 eine Kupferschmiede beherbergte. Der Werkstatt folgten schließlich eine Seilerei und eine Gastwirtschaft. Wegen der hinter dem Gebäude fließenden Lache wurde die Wirtschaft einfach »Lachenschenke« genannt. Das Flüsschen ist ein Seitenarm der Saale und bereitete den Jenensern bis ins 19. Jahrhundert hinein immer wieder Verdruss. Zu oft trat das Wasser über die Ufer und überschwemmte Häuser und Höfe. 1936 behob man das Problem, indem das Flüsschen kurzerhand zugeschüttet wurde. So wie von der Lache kein Tropfen mehr blieb, verschwand auch die Schenke. Die Architekten Johannes Schreiter und Hans Schlag beließen immerhin das Portal zur Straße hin. Heute steht das Haus unter Denkmalschutz, und statt in die Lachenschenke können Flaneure nun in ein Kaffeehaus einkehren. Natürlich wird ein solches Geschäft allseits und allzeit willkommen geheißen. Denn Jenas Kneipen- und Kaffeehauskultur ist kein Merkmal, das der Vergangenheit vorbehalten bleibt. Solange kein Riese daherkommt und sich des Kupferhütchens bemächtigt, wird es weiter den Winden trotzen.

Adresse Steinweg 39, 07743 Jena-Zentrum | ÖPNV Tram 1, 4, 34 oder Bus 15, Haltestelle Universität | Tipp Ein paar Meter Richtung Camsdorfer Brücke befindet sich die syrische Konditorei Souryana (geöffnet Mo – Sa 10 – 18 Uhr).

62 Der Lobdeburgtunnel

Ein Spaziergang auf der A 4

Was ist 600 Meter lang und kostete 140 Millionen Euro? Genau, der Lobdeburgtunnel. Der Lärmschutztunnel der Bundesautobahn A 4 liegt unmittelbar an der Saaletalbrücke zwischen den Anschlussstellen Jena-Göschwitz und Jena-Zentrum. Er besteht aus zwei Röhren mit jeweils vier Fahrstreifen auf einer Breite von 46,5 Metern mit einer maximalen Höhe von 18,5 Metern. Der Tunnel wurde ab 2003 im Rahmen des sechsspurigen Ausbaus der A 4 als landschaftlich integrierte Einhausung errichtet, um die angrenzenden Wohngebiete Lobeda-Ost und Lobeda-West vom Verkehrslärm zu entlasten.

Sofern man kein besonderer Auto- oder Tunnelnarr ist, liegt das Vergnügen aber weniger im Inneren des Lobdeburgtunnels. Das hat allerhöchstens die Stadt, welche durch hochmoderne Geschwindigkeitsmesser und Infrarotblitzer sicherlich ihre Kasse im Minutentakt ein wenig aufbessern kann. So werden hier jährlich um die 120.000 Fahrer mit überhöhter Geschwindigkeit gemessen.

Obgleich der Tunnel wegen seiner Radarfallen und seines massiven Äußeren auf viel Kritik stößt, sollte man einmal die Aufmerksamkeit auf das Äußere oder besser gesagt auf das Dach legen. Denn der hier errichtete Park wurde wunderbar in den ihn umgebenden, geschwungenen Landschaftsraum integriert. Joggen, Rad fahren, spazieren gehen oder sich auf einer der Bänke ein paar Minuten Ruhe gönnen. Der Park auf dem Lobdeburgtunnel bietet seit 2013 dafür die Möglichkeit. Es ist ein Erlebnis, von hier aus in das Saaletal zu schauen. Auf der anderen Seite bietet der Blick zur Lobdeburg und in Richtung Stadtroda interessante Perspektiven.

340 Bäume, 18.000 Sträucher, 760 Heckenpflanzen, 26.000 Stauden und 200.000 Blumenzwiebeln wurden gepflanzt. Es gibt zahlreiche Sitzmöglichkeiten und einen tollen Aussichtspunkt. Tafeln informieren über die gesamte Baumaßnahme und die Lärmschutzeinhausung.

Adresse Lobdeburgtunnel, 07747 Jena-Neulobeda | **ÖPNV** Tram 1, 3, 4, 33, 35, Bus 10, 42, Haltestelle Lobeda-West; Bus 42, Haltestelle Brüsseler Straße | **Tipp** Wer noch zwei Nägel oder acht Schrauben braucht, ist hier zu Fuß schnell beim Baumarkt Hornbach.

63_Der Löwenbrunnen

Roarrrr

»Am Breiten Stein« ist ein kleiner, aber bedeutsamer Platz in Jena. Setzt man sich hier auf eine Bank, kann man allerhand Sehenswürdigkeiten auf einmal betrachten: das Trebitz'sche Haus (siehe Ort 99), das Haus am breiten Stein und direkt darunter eine historische Sehenswürdigkeit von unbekannter Hand. Durch das laute Brüllen eines Löwen wird man auf sie aufmerksam.

Der Löwenbrunnen ist der älteste erhaltene Brunnen Jenas. Obgleich weder der heutige Standort noch das Arrangement seinem ursprünglichen Aussehen entsprechen. Erst befand sich der Brunnen, als Laufbrunnen konzipiert, auf dem Marktplatz. Mit einem Bassin, einem viereckigen Trog und einer steinernen Pyramide in der Mitte ausgestattet. Zusammen mit einer achteckigen Einfassung kam 1776/77 der Löwe hinzu. Mit der Umsetzung auf den Eichplatz wurde der Brunnen völlig neu gestaltet. Die Löwenskulptur ist der wahrscheinlich einzig erhaltene Teil des ehemaligen Löwenbrunnens. Im 19. Jahrhundert wurde der Brunnen zum »Breiten Stein« umgesetzt.

Gestiftet von der Jenaer Kaufmannschaft, besteht der Löwenbrunnen heute aus zwei separaten Teilen. Das aus einem Werkstück geschlagene Becken hat eine unbearbeitete Rückseite, woraus man schlussfolgern kann, dass sich diese einst vor einer Wand befunden hat. Ein weiteres Zeichen dafür, dass die beiden Teile ursprünglich nicht zusammengehörten. Die Löwenskulptur aus Sandstein, welche sich über einer Blattmaske befindet, ist circa zwei Meter hoch. Der Löwe reißt den Kopf mitsamt seiner Mähne nach hinten. Der Brunnen ist leicht zu übersehen, dabei ist der aktuelle Standort zwischen dem »Breiten Stein« und dem Trebitz'schen Haus ein ruhiger Ort, um ihn sich genauer anzusehen.

Das Brüllen kann man förmlich durch die ganze Stadt hören. Sollte die Ursache jedoch statt beim majestätischen Löwen in einem knurrenden Magen zu finden sein, dann ist dem Besucher wenige Meter weiter geholfen.

Adresse Saalstraße 12, 07743 Jena-Zentrum | **ÖPNV** Tram 1, 4, 34 oder Bus 15, Haltestelle Universität | **Tipp** Der Platz ist voller historischer Orte. Gegenüber vom Löwenbrunnen, vom Trebitz'schen Haus aus gesehen, guckt man auf die Fassade des Honigmann'schen Hauses. Ursprünglich stand dieses in der Leutrastraße. Da es in den späten 60er Jahren einem Gebäude der Universität weichen musste, wurde die Fassade 1990 hier angebaut.

64_Die Markt 11 Kaffeerösterei

Frisch gerösteter Kaffee … riechst du es schon?

Es gibt viele Gründe, Jenas nostalgischen Markt zu besuchen. Kleine Geschäfte, leckere Restaurants, das vielfältige Stadtmuseum, die Disco-Kneipe »Flower Power« oder einfach zum Schlendern über den Wochenmarkt. Wenn man eine sensible Nase hat, vergeht kaum ein Moment, ohne dass man den unwiderstehlichen Duft von frisch geröstetem Kaffee bemerkt.

»Markt 11« ist nicht nur die Adresse, sondern auch der Name von Jenas attraktivem Kaffeehaus mit eigener Kaffeerösterei. Auf zwei Etagen kann man hier reichhaltig frühstücken, ein leckeres Stück Kuchen essen oder einfach nur ein kühles Getränk genießen. Eines sollte man sich aber auf keinen Fall entgehen lassen: einen Kaffee, und das aus gutem Grund. Betritt man das Kaffeehaus, eröffnet sich einem schnell das warme Ambiente in nostalgisch industriellem Stil. Hier hat man viel Raum und Zeit, seinen Kaffee so zu trinken, wie man ihn mag. Im Markt 11 wird täglich Kaffee aus der ganzen Welt von Hand im Trommelröster geröstet. Je nach Sorte dauert dieser Vorgang bis zu 20 Minuten bei 200 Grad und das bei ständiger Überwachung. Das Ergebnis kann man dann vor Ort genießen, mitnehmen oder sich für daheim abfüllen lassen, gemahlen oder in ganzen Bohnen.

Bei 40 verschiedenen Kaffeesorten fällt die Wahl nicht jedem leicht, vor allem, wenn man kein Kenner ist. Aber auch das ist überhaupt kein Problem. Interessierte können sich im Kaffeehaus nicht nur beraten lassen, das Markt 11 bietet auch regelmäßig Degustationen an, um für jeden die geeignete Sorte zu finden. Natürlich wird auch eine leckere eigene Hausmischung angeboten. Wichtig aber: Wie jedes anspruchsvolle Getränk sollte der Kaffee von Markt 11, egal, für welche Sorte man sich entscheidet, nicht zwischen zwei Terminen oder im Sprint zur Bahn getrunken werden. Erst mit Zeit und Raum wird jeder gute Kaffee zu einem echten kulinarischen Erlebnis.

Adresse Markt 11, 07743 Jena-Zentrum | **ÖPNV** Tram 5, 33, 35, Haltestelle Holzmarkt; Tram 1, 2, 3, 4, 34, Haltestelle Löbdergraben; Bus 10, 11, 12, 14, 15, 16, Haltestelle Teichgraben | **Öffnungszeiten** Mo–Sa 9–19 Uhr, So 11–19 Uhr | **Tipp** Hier *muss* man frühstücken. Es gibt »arme Ritter«. Danach kann man dem Tee- und Gewürzhaus Richard Kinzel einen Besuch abstatten, um neben den frisch gerösteten Bohnen vom Markt 11 noch einen leckeren Tee mit nach Hause zu nehmen (geöffnet Mo–Fr 9–18 Uhr, Sa 9–12.30 Uhr).

65 Der Meridianstein

Aus der Ferne die Himmelsrichtung bestimmen

Klar, ein Spaziergang durch das Schillergässchen, zwischen Theaterhaus und Grünowski, lohnt sich zweifellos immer. Doch ein kleiner schwarz-weiß gemusterter Stein zieht schnell die Aufmerksamkeit auf sich. Dass der Stein so auffällig bemalt ist, hat einen guten Grund. Nur der Ort, an dem wir ihn jetzt finden können, der ist weder der ursprüngliche, noch macht er für den Zweck des Steines großen Sinn, aber das muss er heutzutage auch gar nicht mehr. Also, was ist das nun für ein Stein?

Zumindest die Inschrift verrät Folgendes: »Meridianstein der Sternwarte Jena bis 1880«.

Der etwa einen Meter hohe Stein diente einst als Orientierungspunkt zur Ausrichtung von Teleskopen. Früher existierten keine Sternkarten, und sehr aufwendige Messungen waren notwendig, um die exakte Himmelsrichtung bestimmen zu können. War diese Messung aber einmal vorgenommen, konnte man sie mit Hilfe solcher Meridian- oder Peilsteine in einigen Kilometern Entfernung genau markieren.

Der originale Standort des Steines, der sich jetzt im Schillergässchen befindet, ist der Mönchsberg gewesen, besser bekannt als alter Steinbruch, oberhalb von Göschwitz. In fünf Kilometer Entfernung liegt dieser nämlich genau südlich zur Sternwarte vom Astrophysikalischen Institut der Universität Jena im Schillergässchen.

Schon Goethe suchte 1811 nach einem geeigneten Platz für ein Observatorium und schrieb: »Man musste sich vielmehr nach einem Platz umsehen, auf ebener Erde und über Steingrund gelegen, um sichere Fundamente zu erhalten; von ziemlich freier Aussicht nach den meisten Himmelsgegenden, von ganz freier aber nach wenigstens einer Seite des Meridians zur Aufstellung eines hinlänglich weit entfernten Mittagszeichens …«

1813 wurde die Sternwarte errichtet und 1889 unter Ernst Abbe ein neues Observatorium gebaut, inklusive Meridianzimmer.

Adresse Schillergässchen 1, 07745 Jena-Zentrum | **ÖPNV** Tram 5, 33, 35, Haltestelle Holzmarkt; Tram 1, 2, 3, 4, 34, Haltestelle Löbdergraben; Bus 10, 11, 12, 14, 15, 16, Haltestelle Teichgraben | **Öffnungszeiten** Sternwarte Sa 15–17 Uhr | **Tipp** In der idyllischen kleinen Outdoorbar »Im Garten« kann man sich noch ein kühles Getränk holen.

66_Die Messingplatten

Auf den Fußspuren von Goethe und Schiller

Goethe und Schiller gehören zweifellos zu den einflussreichsten Persönlichkeiten in der Kultur Jenas. Es gibt zahlreiche Orte, die es für an beiden Berühmtheiten Interessierte zu besichtigen gilt. Ein sehr bedeutsamer dieser Orte ist zugleich auch einer der unscheinbarsten. Durch die kleine Einkaufsstraße an der Südseite des Jenaer Marktes eilt man in der Regel eilig hindurch. Doch lohnt es sich, hier einmal genauer hinzugucken. Schaut man auf den Boden der Straße am Markt, erblickt man 60 handtellergroße Messingplatten. Auf diesen befinden sich stilisierte Blätter von 30 verschiedenen Baumarten.

2008 schrieb die Stadt Jena den Botho-Graef-Kunstpreis für zeitgenössische Kunst zum Thema »Die schicksalhafte Begegnung Goethes und Schillers im Jenaer Wunderjahr 1794« aus. Die Ergebnisse wurden dann im Herbst im Romantikerhaus gesammelt und in Form einer Ausstellung präsentiert. Die Platten des Preisträgers David Mannstein haben sich im Laufe der Zeit immer wieder gelöst und verschwanden teils sogar. Auch die Konturen der Blätter haben sich stellenweise abgenutzt. So wurden sie 2014 vom Berliner Künstler persönlich erneuert und wieder vervollständigt.

Der Ort für diese Platten ist natürlich nicht zufällig gewählt. Am 20. Juli 1794 kam es zu einer Sitzung der Naturforschenden Gesellschaft im Bachstein'schen Haus (Rathausgasse 1). Das Haus, in dem Schiller von Mai 1794 bis April 1795 wohnte und das sich in der heutigen Straße Unterm Markt 1 befindet, ist nur 31 Meter entfernt. So kam es am besagten Abend im Sommer 1794 zu einem »glücklichen Ereignis«, wie Goethe es später bezeichnen sollte. Beide schlenderten nach einer Sitzung die wenigen Schritte über den Markt, unterhielten sich und beendeten das wundervolle Gespräch anschließend in Schillers Wohnung. Dieses Treffen gilt als einer der ersten großen Höhepunkte dessen, was später als Deutsche Klassik bezeichnet werden sollte.

Adresse Markt 22, 07743 Jena-Zentrum | **ÖPNV** Tram 5, 33, 35, Haltestelle Holzmarkt; Tram 1, 2, 3, 4, 34, Haltestelle Löbdergraben; Bus 10, 11, 12, 14, 15, 16, Haltestelle Teichgraben | **Tipp** Auf der anderen Seite des Markts gibt es ein japanisches Ramen-Restaurant (Tel. 03641/2315490). Sehr lecker und sehr beliebt.

67 Der Mönchsberg

Auf der 30 Meter hohen Kalksteinwand über Jena

Dem glücklichen Umstand geschuldet, dass Jena in einem Tal gelegen ist, gibt es auf den zahlreichen Wanderwegen viele nennenswerte Aussichtspunkte. Natürlich denkt man dabei in erster Linie an die, welche einen wunderbaren Blick auf das Stadtzentrum gewähren. Aber auch die südlichen Stadtteile bilden ein schönes Motiv zum Schauen und zum Fotografieren. Einen wirklich eindrucksvollen Blick liefert das natürliche Aussichtsplateau des Mönchsberges, besser bekannt als »Steinbruch«.

Der Mönchsberg befindet sich direkt oberhalb des Bahnhofs Göschwitz. Über verschiedene Wanderwege ist er sowohl von Winzerla als auch von Göschwitz gut zu erreichen. Aber auch mit dem Auto kommt man fast bis aufs Plateau. Auf einer Höhe von über 300 Metern hat man eine wunderbare Aussicht auf die südlichen Stadtteile Jenas, die Lobdeburg, den Lobdeburgtunnel der Autobahn A 4 und natürlich in das weit reichende Saaletal mit der Leuchtenburg.

Schon wenn man die Autobahn in Lobeda verlässt oder wenn man an der Endhaltestelle aus der Straßenbahn steigt, kann man in weiter Ferne eine helle Fläche in den Bergen erkennen. Von 1886 bis 1967 wurde hier, auf dem Mönchsberg, Kalkstein abgebaut. Mit einer Seilbahn am Osthang des Berges wurde das Material zur Verarbeitung in das Zementwerk Jena-Göschwitz transportiert. Mit der Stilllegung des Werks wurde auch der Abbau eingestellt. Was blieb, war eine faszinierende Landschaft auf dem Mönchsberg. Die 200.000 Quadratmeter große Hochfläche lädt zum Spazieren und Entdecken ein, und wer sich oberhalb der 30 Meter hohen Kalksteinwand befindet, entdeckt vielleicht einige mysteriöse Figuren, Labyrinthe und Schriftzüge aus Steinen. Diese stammen allerdings nicht von Außerirdischen, sondern sind ein Projekt der nahe gelegenen Freien Waldorfschule Jena. Von Zeit zu Zeit kann man auch noch die Relikte kürzlicher Heiratsanträge erkennen.

Adresse Mönchsberg, 07745 Jena-Winzerla | ÖPNV Tram 2, 3, Haltestelle Winzerla; Bus 12, 18, 48, Haltestelle Winzergasse, von hier aus heißt es wandern (circa 2 Kilometer) | Tipp Man sollte sich auf jeden Fall das ganze Areal ansehen, denn die verschiedenen Vegetationen und der Ausblick ins Saaletal sind wirklich zauberschön.

68 Die Mosengeil-Gedenktafel

Was sind das hier alles für Buchstaben?

Die besonderen Gedenktafeln an Jenas Häusern bergen gelegentlich das ein oder andere Geheimnis. Manchmal findet man darauf Informationen zum Haus oder der Straße, meistens geht es jedoch um bemerkenswerte Bewohner.

Am Johannisplatz hinter dem Pulverturm gibt es eine solche gut erkennbare weiße Tafel mit blauer Schrift. Doch bis auf die Zahl 1792 können die meisten Menschen nicht entziffern, was daraufsteht. Dabei ist die Sprache selbst Deutsch. Aber es handelt sich eben nicht um normale deutsche Schrift: Es ist Stenografie. Die Kurzschrift wurde in Deutschland bis in die 1990er Jahre an Berufs- und Realschulen und als Wahlfach auch an Gymnasien gelehrt. Trotz dieser Tatsache können selbst ältere Menschen die Schrift oft nicht lesen.

Auf der Gedenktafel steht geschrieben: »F. Mosengeil, Erfinder der deutschen Stenografie. 1792«. Hier wird Carl Friedrich August Mosengeil gedacht, der als Student der Theologie gegen Ende des 18. Jahrhunderts in diesem Haus am Johannisplatz wohnte. 1791 kam er nach Jena. Um bei Vorlesungen mit seinen Mitschriften besser hinterherzukommen, entwickelte Mosengeil eine Schrift mit einfachen Zeichen. Später brachte er diese in eine geeignete Form und veröffentlichte 1796 in Eisenach sein erstes Lehrbuch zu seiner Kurzschrift: »Teutsche Stenographie«. Zwar war Stenografie bereits viel früher in England und Frankreich und auch im 17. Jahrhundert in Deutschland bekannt, Mosengeils Schrift entsprach jedoch einer anderen Technik, die auf die deutsche Sprache besser anwendbar war.

Es ist aber nicht Mosengeils Stenografie, die in Deutschland über viele Jahrzehnte gelehrt wurde und heute immer noch verwendet wird. Franz Xaver Gabelsberger entwickelte im 19. Jahrhundert eine Schrift, welche einfacher und schneller zu Papier zu bringen war und sich deswegen durchsetzte.

Adresse Ecke Fürstengraben/Johannisplatz, 07743 Jena-Zentrum | **ÖPNV** Bus 16, Haltestelle Johannisplatz | **Tipp** Links hinter dem Betrachter der Gedenktafel liegt der Botanische Garten, rechts gibt's Sushi, gleich daneben Currywurst. Also? Was nun?

69 Mr. Music

Wir sind die Jungs vom Plattenladen

Je nach Trend erfreuen sich Platten regelmäßig größter Beliebtheit. Richtige Fans vertrauen natürlich stets auf Vinyl und besuchen die guten und sympathischen Fachgeschäfte in der Stadt. Jena ist ein besonderer Ort, wenn es um den Verkauf von Schallplatten geht. Während es in mancher Großstadt gänzlich an einem Plattenladen mangelt, hat Jena gleich zwei Geschäfte zu bieten, die über ihren eigenen und charmanten Kultstatus verfügen. Während die Liebhaber elektronischer Tanzmusik bei Fatplastics im Schillergässchen fündig werden (siehe Ort 33), kommen Fans von Rock, Soul, Funk, Punk, Metal, Independent und Oldies bei Mr. Music ganz auf ihre Kosten.

Angefangen hat alles 1994 in einem Hinterhof im Jenaer Zentrum. Inzwischen findet man den Plattenguru in der Kahlaischen Straße zwischen Garagen und Schneiderei. Wie es sich für einen richtigen Plattenladen gehört, ist kaum Platz zum Treten, Platten und CDs, wohin man schaut. Mit Hand beschriebene Karten unterteilen die Displays in verschiedene Genre, Jahrzehnte oder Interpreten. Viel Platz braucht hier aber auch keiner, denn bei über 50.000 Platten und CDs im Sortiment, von gebraucht bis neu, von Raritäten bis Evergreens, von Oldies bis Neuheiten, wird ein jeder fündig, der Lust am Stöbern und Reinhören hat.

Die authentische Leidenschaft, die man in der kleinen Plattenstube spürt, ist natürlich dem Besitzer Johann Mitterbauer zu verdanken. Mit elf Jahren bekam er seine erste Platte: »Strung Up« von Sweet. Seitdem gehört das Vinyl zu seinem Leben. Aus seiner Passion machte Mitterbauer ein Geschäft, nach mehreren Besuchen in den Vereinigten Staaten brachte er es über die Jahre zum kultigen Plattenladen in Jena. Zweimal ist er bereits umgezogen, aber die leidenschaftlichen Vinylfreunde bleiben dem Plattenguru treu, und Jena kann stolz darauf sein, mit Mr. Music einen äußerst charmanten und kultigen Plattenladen im Stadtbild zu wissen.

Adresse Kahlaische Straße, 07745 Jena-Süd | **ÖPNV** Tram 2, Haltestelle Mühlenstraße | **Öffnungszeiten** Mo–Fr 10–18 Uhr, Sa 10–14 | **Tipp** Gelegentlich gibt es einen Lagerverkauf in den großen Räumlichkeiten außerhalb der Stadt. Flyer und Infos dazu findet man immer im Laden.

70 Der Neonschriftzug

... was, was du nicht siehst

Manch einer teilt vielleicht folgende Kindheitserinnerung: Nach langen Ausflügen oder auf der Heimfahrt vom Urlaub ist es oft bereits dunkel gewesen. Man schlief auf der Rückbank ein, und erst ein vertrautes heimisches Gefühl hat einen dann wieder aus der Traumwelt geholt. Oft war es violettes Neonlicht, das man beim Blick aus dem Fenster entdeckte. So ähnlich wie hier.

Schon von der Schnellstraße aus kann man eine große, leuchtende Schrift im oberen Drittel eines Wohnblocks sehen. Am Tag steht sie im Kontrast zur hellen Hausfassade, und am Abend leuchtet sie violett in die dunkle Nacht: »Ich sehe was, was du nicht siehst.«

In den 90er Jahren, nach der Wende, hatte Jenas Stadtteil Lobeda mit starken Imageproblemen zu kämpfen. Die starre Neubausiedlung galt nicht als Vorzeigequartier und schien einzig nach Aspekten der reinen Zweckmäßigkeit erbaut. So lud die Stadt Jena 1996 zehn Künstler zu einem Wettbewerb für die künstlerische Gestaltung des Außenraums von Lobeda ein. Eine der Fassaden sollte als Eingang in das Viertel gestaltet werden. Vorgaben gab es keine. Gegen Entwürfe von Bewerbern aus Deutschland, den Niederlanden, Tschechien, Norwegen und den USA konnte der in Berlin lebende und arbeitende Künstler Stephan Jung den Wettbewerb für sich entscheiden. Jung hatte bereits Erfahrung mit Neonarbeiten im öffentlichen Raum, und so gestaltete er die inzwischen Kult gewordene Handschrift an der Fassade der Kastanienstraße 2. Ein Spruch, den wohl jeder aus Kinderzeiten kennt. Ein Spiel, für das es nicht mehr braucht als Phantasie und Kreativität. Das Werk fordert auf, sich nicht nur auf das Offensichtliche zu konzentrieren, sondern einmal hinter die scheinbar graue und zweckmäßige Fassade zu blicken. Und es weist darauf hin, dass wir oft nicht wissen, wie schön es in den vermeintlich unattraktiven Plattenbauten sein kann, nämlich dann, wenn ich etwas sehe, was du nicht siehst.

Adresse Kastanienstraße 2, 07747 Jena-Neulobeda | ÖPNV Tram 5, 3, 34, 35, Haltestelle Platanenstraße | Tipp Die Schrift ist ein super Fotomotiv, aber bitte dabei nicht die Menschen vergessen, die in diesem Haus leben. Der Spaziergang von Jena-Lobeda-Ost nach -West lohnt sich. Man kommt an vielen kleinen Kunstwerken vorbei, und beim Überschreiten der Schnellstraße zwischen den Vierteln passiert man die Neonschrift.

71 Der Nollendorfer Hof

Mit dem Fiaker zu den schwarzen Drachen

»Ein Biedermann trinkt immerdar so viel es Tage hat im Jahr: 365. Doch wenn das Jahr ein Schaltjahr ist, trinkt er als Biedermann und Christ: 366.« So steht es an der Fassade des imposanten und einzigartigen Nollendorfer Hofs. Das bunte und stark auffällige Haus in Jenas Stadtbild entstand zu Beginn des 20. Jahrhunderts.

Der Vorgängerbau, das Gasthaus »Nollendorfer Schänke« erhielt den Namen vom alten Vorort Nollendorf. August Veit, Maurer- und Zimmermeister, war Besitzer des Areals und Architekt des eigenartigen Gebäudes. Eigenartig, weil er beim Bau scheinbar alle herrschenden Stile ignorierte, und so wirkt das Haus wie eine Collage aus Neorennaissance, Neogotik und Neobarock.

Das Hotel im Gebäude richtete sich vor allem an gehobenere Gäste. Fließendes Wasser, Zentralheizung, elektrisches Licht und Hausdiener sowie ein Shuttle-Service vom Bahnhof mit eigenem Fiaker gehörten zu den Annehmlichkeiten. Nach mehreren Eigentümerwechseln verlor der Nollendorfer Hof zunehmend an Beliebtheit und musste 1930 zwangsversteigert werden. 1937 wurde das Gebäude an den Kellner Johann Hanke verpachtet. Mit seinem Einzug zur Wehrmacht schloss der Nollendorfer Hof 1943 endgültig.

Hanke wollte 1945 erneut eine Gaststätte im Gebäude eröffnen. Da der Nollendorfer Hof aber inzwischen zum Lazarett umfunktioniert worden war, wollte die Stadt das Restaurant nicht genehmigen. Er ging in den Besitz der Universität über, die ihn zum Wohnheim umfunktionierte. Die Fassade wurde aber zunehmend sanierungsbedürftig, und genügend Mittel für eine Erneuerung gab es nicht. 1993 konnte die Friedrich-Schiller-Universität den Bau endlich sanieren, und so steht der Nollendorfer Hof heute als besonderer Blickfang im Jenaer Stadtbild.

Es befinden sich die Turnhalle der Universität sowie das Dezernat 4 im Gebäude. Die Drachen an der Eingangstür sind der Blickfang am Nollendorfer Hof.

Adresse Nollendorfer Straße 26, 07743 Jena-Zentrum | ÖPNV Tram 1, 4, Haltestelle Nordschule; Bus 15, Haltestelle Saalbahnhof | Öffnungszeiten nur von außen zu besichtigen | Tipp Am alten Güterbahnhof am Saalbahnhof, zwischen Tanzschule und Café, befindet sich ein Denkmal für die Olsenbande, die gerade versucht, einen Safe zu knacken.

72 Die Papiermühle

Auf ein Bier bei der alten Sommerlinde

»In allen Kreisen Jenas ist der Gasthof zur Papiermühle als ein gutbürgerliches Haus bekannt. Der herrliche Kaffeegarten, überschattet von der jahrhundertealten Linde, ist ein beliebtes Ziel für Spaziergänger.« So hieß es in einer Anzeige im Heft »Beiträge zur Geschichte der Stadt Jena« aus einer Zeit, als die Straßenbahn noch bis ins Mühltal fuhr.

Über 350 Jahre lang wurde die Papiermühle durch die damals noch strömungsstarke Leutra betrieben. Die Besitzer wechselten dabei natürlich häufiger. Erstmals urkundlich erwähnt wurde die Mühle bereits im 13. und 14. Jahrhundert. Zu dieser Zeit trug sie noch den Namen »Nasenmühle«, welcher auf die Lage nahe der Nasenkuppe zurückzuführen ist. 1657 errichtete der Papiermacher Schmidt nebenan ein neues Gebäude, um Papier herstellen zu können. 1799 kam eine andere Familie Schmidt, welche miterlebte, wie 1806 französische Truppen im Vierten Koalitionskrieg auf dem Weg zur Schlacht bei Jena-Auerstedt vor der Mühle kampierten. 1891 begann der Käufer Emil Tittel dann mit dem Umbau zur Gastwirtschaft. 1994 übernahm die Familie Kanz die Mühle und ließ den heute beliebten Braugasthof entstehen. Trotz der verschiedenen Nutzungen der Papiermühle wurde diese über fast alle Jahrhunderte hinweg als Familienunternehmen geführt.

In der Papiermühle werden heute in der hauseigenen Brauerei exklusive Biersorten produziert. Pilsener, Dunkel, Burschenpils, Alt, Schellenbier und Doppelbock sind die Sorten, die hier gebraut werden. Auch zu Hause kann man sie genießen. Wer jedoch das Getränk aus Hopfen und Malz nicht so gern mag, probiert den im Haus gebrannten Jenaer Single-Malt-Whisky.

In jedem Fall sollte man sich die Empfehlung der historischen Anzeige zu Herzen nehmen und in der Papiermühle einkehren, um etwas Leckeres zu essen und ein hauseigenes Bier zu trinken – als Spaziergänger versteht sich.

Adresse Erfurter Straße 102, 07743 Jena-West | ÖPNV Bus 16, 44, Haltestelle Mühltal | Öffnungszeiten So–Do 11.30–23 Uhr, Fr, Sa 11.30–0 Uhr | Tipp Das Naturdenkmal der Sommerlinde ist Schätzungen zufolge bereits 500 bis 600 Jahre alt und damit vielleicht der älteste Baum Jenas.

73 Der Philisterbrunnen

Kannst du mir was pumpen?

Wer hat schon mal beim Faulloch (Namensgeber war eine alte Studentenschenke) gesessen, um zu beobachten, wer mutig genug ist, durch das scheinbar verfluchte Johannistor zu gehen? Die historische Umgebung lädt dazu ein, hier einen Moment zu verweilen, und zu entdecken gibt es auch noch einiges.

Umgestaltet wurde das Areal um den Pulverturm in den Jahren 2003 bis 2004. Im Rahmen eines zu diesem Anlass ausgeschriebenen Wettbewerbs zur künstlerischen Gestaltung des kleinen Parks entstand der Philisterbrunnen.

Die eindrucksvolle Plastik zeigt eine angespannte, gekrümmte stilisierte Menschengestalt. Hinter der Figur befindet sich eine moderne, minimalistische Pumpe, über die locker eine Jacke gehängt wurde – vermutlich gehört sie der kauernden Gestalt. Drückt man auf den Apfel auf der Rückseite des Werks, wird das Wasser aktiviert, und der Betrachter versteht, warum dieser Mensch aufgestützt am Boden kniet: Das Wasser rinnt ihm über den Kopf, verweilt dort kurz in einer Vertiefung und fließt dann an ihm herunter in einen Gully. Mit überdimensionalen Gliedmaßen, einem stark abgeflachten Kopf und erschrockenem Gesichtsausdruck geht die verformte Zinnfigur durch den Druck des Wassers zu Boden.

Eine Edelstahltafel informiert über die Bedeutung der Plastik. Es ist eine Interpretation eines im 19. Jahrhunderts entstandenen Spottbildes der Jenaer Philister, der Spießbürger.

Es geht um eine Wette, in der Studenten einen solchen Philister, den Weimarer Großherzog Karl Alexander, »anpumpen« sollten. Sie hatten Erfolg, und das gepumpte (geliehene) Geld wurde binnen kürzester Zeit in einer Kneipe »vertrunken«. Der Apfel, welchen man drücken muss, um das Wasser des Brunnens zum Fließen zu bringen, ist übrigens das Markenzeichen des 2013 verstorbenen Künstlers Karl-Heinz Appelt, der in Kahla und Jena gearbeitet hat.

Adresse Am Pulverturm, 07743 Jena-Zentrum | **ÖPNV** Bus 16, Haltestelle Johannisplatz | **Tipp** Oberhalb vom Faulloch ist das Café Immergrün. Wer nach leckerem Kuchen, Kaffee und allerhand anderen leckeren Getränken sucht, schaut hier unbedingt rein (geöffnet Mo–Sa 11–1 Uhr, So ab 10 Uhr).

74 Das Phyletische Museum

Oder: wie aus Jena »Klein-Paris« wird

Schlendert man die Neugasse in Richtung Paradiespark entlang oder kommt vom alten Bahnhof ins Stadtzentrum, kann es sein, dass man bereits aus der Entfernung etwas geblendet wird. Man mag seinen Augen kaum trauen, denn auch wenn die Sonne und der Meeresspiegel günstig stehen, kann man von hier nicht bis nach Paris gucken. Und doch steht da eine gläserne Pyramide vor einem Museum – genau wie vor dem berühmten Louvre in der Stadt der Liebe.

Seit 2012 gibt es das gläserne Bauwerk in Jena. Zwar hat unsere mit 1,60 Meter Höhe nur einen Bruchteil der Größe der »Pyramide du Louvre«, aber immerhin hat Paris auch 20-mal so viele Einwohner.

Das mit Stiftungsgeldern finanzierte Phyletische Museum wurde vom Begründer Ernst Haeckel am 30. Juli 1908 anlässlich des 350-jährigen Bestehens als Schenkung an die Universität gegeben. Das Museum zählt jährlich über 300 Schulklassen und weitere 20.000 Besucher. Zur Dauerausstellung gehören der Evolutionssaal sowie mehrere Säle zur Stammesgeschichte der mehrzelligen Tiere. Das Haus des Museums für Phylogenese wurde vom Architekten Carl Dittmar im Jugendstil errichtet. Der Platz vor dem Museum wurde 2011/12 erneuert und mit einem Brunnen versehen. Die Glaspyramide dient in den kalten Monaten von Oktober bis März als Schutz. Das Prisma misst 3,20 mal 3,20 Meter und besteht aus Polycarbonatglas und Aluminiumprofilen. Der Boden des Brunnenbeckens nimmt Bezug auf die Menschheitsgeschichte. Links finden sich Fußspuren von Lucy, einem berühmten Fossil des *Australopithecus afarensis*, einer aufrecht gehenden Menschenaffenart. Auf der rechten Seite sind Fußspuren des Sohns eines Mitarbeiters des Museums zu sehen. Die Architekten des Brunnens haben die beiden verschiedenen Fußspuren nebeneinandergestellt.

Zu sehen sind im Phyletischen Museum über 3,5 Millionen Jahre an Evolutionsgeschichte.

Adresse Vor dem Neutor 1, 07743 Jena-Zentrum | **ÖPNV** Tram 1, 2, 3, 4, 5, 34, 35, Haltestelle Paradiesbahnhof; Bus 10, 11, 12, 14, 15, 16, Haltestelle Teichgraben | **Öffnungszeiten** Di – Fr 9 – 13 und 14 – 17 Uhr, Sa, So 10 – 16 Uhr | **Tipp** Ein paar Meter hinter »Klein-Paris« und dem Museum befindet sich das Ernst-Haeckel-Haus, die »Medusa-Villa« (www.ehh.uni-jena.de).

75 Der Planetenweg

Wir treffen uns an der Sonne, spazieren zum Merkur

Mit 1,4 Millionen Kilometer Durchmesser und einem Gewicht von 1,989 mal 10^{30} Kilogramm ist die Sonne vor allem groß und schwer. Das sind Zahlen, auf die wir nur mit einem »Wow, ganz schön viel!« antworten, ohne dass uns bewusst ist, was das eigentlich zu bedeuten hat. Was einen Funken Verständnis in diese astronomischen Zahlen bringen kann, ist ein Projekt des Vereins Stadtspeicher Jena, der Universität und der Wirtschaftsförderungsgesellschaft und entstand nach einer Idee von Roman Rösener, ehemaliger Geschäftsführer vom Theaterhauses.

Im Stadtspeicher Jena, direkt am Markt, hängt die Sonne. Zugegebenermaßen ein wenig kleiner als das Original, im Maßstab von 1:695.000.000. Diese Sonne aus Papier, entworfen von der Künstlerin Anke Neumann, ist die erste von neun Stationen des Jenaer Planetenwegs. Dieser wurde anlässlich des Internationalen Jahres der Astronomie 2009 eingeweiht. Das Projekt dient dazu, die Entfernungen der acht Planeten unseres Sonnensystems zur Sonne greifbar zu machen. Dafür wurden Gebäude als Paten ausgewählt, die maßstabsgetreu den Distanzen entsprechen und zugleich bedeutsam für Jenas Geschichte sind. Zu Fuß sind die Stationen in vier Stunden und zehn Minuten zu begehen.

Der Weg beginnt als Station null bei besagter Sonne im Stadtspeicher. Informationstafeln an den Gebäuden fassen die Eckdaten der jeweiligen Planeten zusammen. Station zwei ist der Merkur am Rathaus in 68 Meter Entfernung. Es folgen die Venus an der Stadtkirche (140 Meter), die Erde am Uni-Hauptgebäude (192 Meter), der Mars am Planetarium (312 Meter), der Jupiter am Angergymnasium (1.198 Meter), der Saturn bei Zeiss (2.035 Meter) und der Uranus an der Lobdeburgschule (5.884 Meter). Mit 4,5 Milliarden Kilometern hat Neptun die größte Entfernung zur Sonne. Am knapp 5,9 Kilometer entfernten Observatorium in Großschwabhausen bildet er die neunte Station des Planetenwegs.

Adresse Markt 16, 07743 Jena-Zentrum | **ÖPNV** Tram 5, 33, 35, Haltestelle Holzmarkt; Tram 1, 2, 3, 4, 34, Haltestelle Löbdergraben; Bus 10, 11, 12, 14, 15, 16, Haltestelle Teichgraben | **Tipp** Vom Markt aus kann man die Sonne besonders gut am Abend sehen, denn da ist sie beleuchtet.

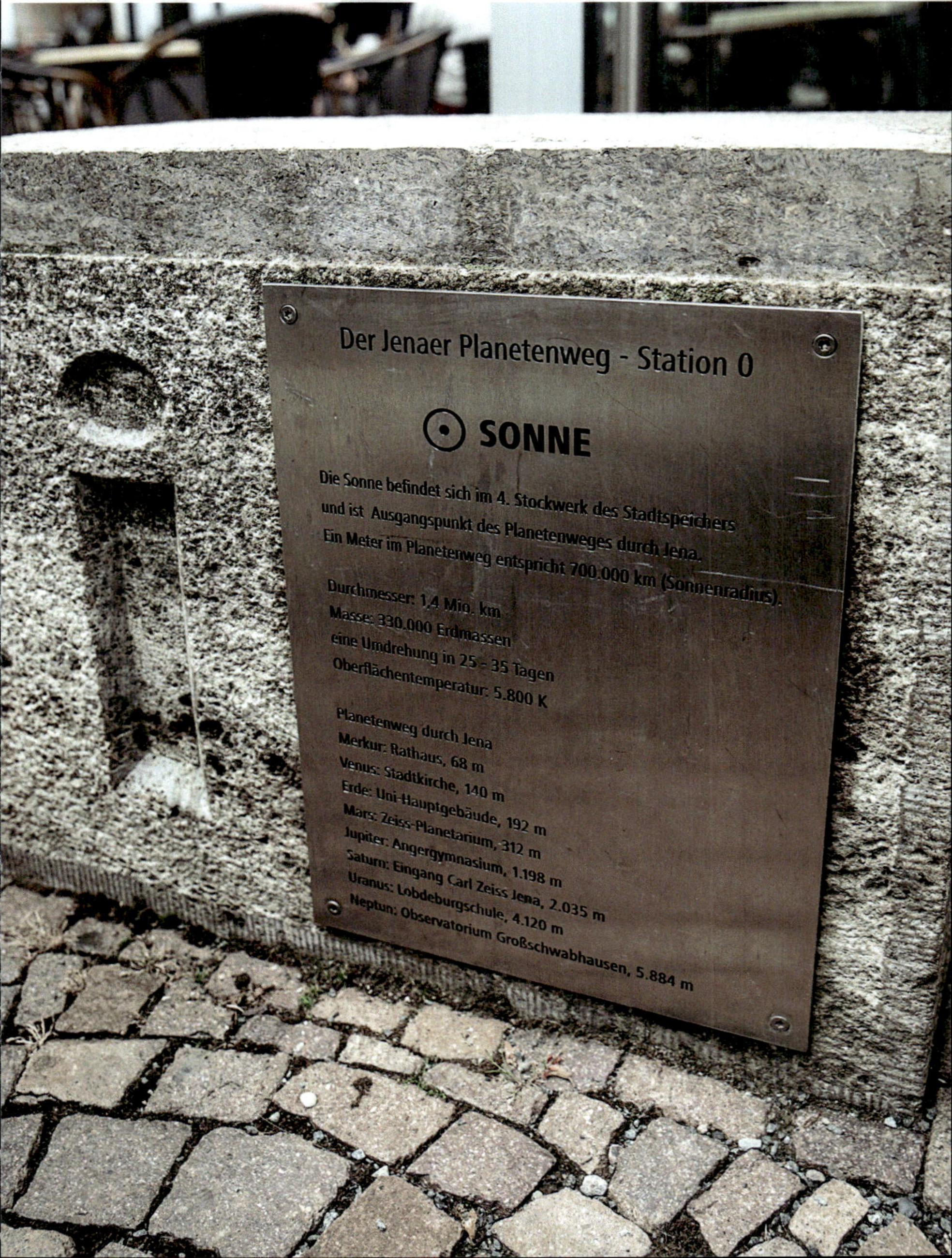

76 — Das Platanenhaus

Das älteste Haus Jenas – stimmt doch gar nicht

Besondere Gebäude gibt es in Jena viele. Hochhäuser, Bürogebäude, alte Häuser, neue Häuser, schöne Häuser, hässliche Häuser. An und für sich nichts, was es in anderen Städten nicht auch gibt. Fragt man nach dem ältesten Haus, so sind sich Alteingesessene, Reiseführer, Aufzeichnungen und Bürger Jenas meist einig. Das Platanenhaus in der Unterlauengasse ist das älteste erhaltene Fachwerkhaus. Das altehrwürdige, wunderschöne Gebäude verdankt seinen Namen der beeindruckenden Platane, unter der es steht.

Jedoch haben Untersuchungen und Nachforschungen im Laufe der Zeit ergeben, dass das Platanenhaus gar nicht das älteste erhaltene Fachwerkhaus Jenas ist. Entgegen dem sich haltenden Gerücht ist es sogar eins der jüngeren. Es wurde im ersten Jahrzehnt des 17. Jahrhunderts auf einem Erdgeschoss aus Stein errichtet. Dies waren Räume des Vorgängerbaus, über den nicht viel bekannt ist. Genausowenig weiß man leider über den tatsächlichen Architekten des Hauses.

Unabhängig von der Tatsache, dass das Fachwerkhaus bedeutend jünger ist als beispielsweise das Stadtmuseum Göhre oder die Weintanne, ist das Platanenhaus ein wunderschönes Gebäude im Stadtbild. Über die Jahre wurde viel getan, um es vor Zerfall und Abriss zu schützen. Zahlreiche Besitzer hat das Haus unter der beeindruckenden Platane bereits gehabt, und viele verschiedene Familien haben es bewohnt. 1883 kaufte der Kirchenhistoriker Karl von Hase das Gebäude, und 1935 ging es in den Besitz eines Professors über, dessen Erben es schlussendlich an die Stadt Jena verkauften.

Das Haus mitsamt seiner prächtigen namensgebenden Platane ist ein wahres Schmuckstück im Zentrum Jenas, und mehrere Bänke auf den Grünflächen laden dazu ein, sich kurz niederzulassen und den vielleicht nicht so alten, aber auf jeden Fall bedeutenden Geschichten des Platanenhauses zu lauschen.

Adresse Unterlauengasse 9, 07743 Jena-Zentrum | **ÖPNV** Tram 1, 4, 34 oder Bus 15, Haltestelle Universität | **Öffnungszeiten** nur von außen zu betrachten | **Tipp** Schon mal was von Hygge gehört? Das unglaublich atmosphärische Café mit Laden »Holz & Hygge« liegt schräg gegenüber (geöffnet Di–So ab 10 Uhr).

77 Das Post Carré

Über 2.000 Jahre Geschichte in vier Bildern

In Jena gehen die Menschen zum Tanzen in die Post. Auch wenn sie gesundheitliche Beschwerden haben, gehen sie zur Post. Wer exklusive Möbel sucht – richtig, geht zur Post. Seit seiner Erbauung Anfang des 20. Jahrhunderts bis 2006 hat sich das Hauptpostgebäude zu einem ganzen Carré entwickelt.

In den drei einzelnen, aber baulich verbundenen Gebäuden ist heute allerhand zu finden: Geschäfte, eine Tanzschule, zahlreiche Ärzte – und an der Außenfassade des Erweiterungsbaus ein großes historisches Graffiti. Na ja, eigentlich kein Graffiti, sondern eher ein Vorfahre dessen, ein Sgraffito. Das ist eine mittels einer besonderen Kratztechnik erstellte Fassadengestaltung. Um einen Farbkontrast zu kreieren, wird eine Auflage mit Putzschichten verschiedener Farben erstellt. Daraufhin werden Teile der obersten Schicht abgekratzt. Zusammen mit den nun freigelegten unteren Schichten entsteht ein wunderbares Farbspiel.

Das Sgraffito, bestehend aus vier einzelnen Bildern, wurde 1955 von Kurt Hanf erstellt. Es zeigt die Geschichte der Post. Unten beginnend, ist auf dem ersten Bild ein Hemerodromos zu sehen, ein Fußbote, der seinem griechischen Herrscher, etwa 200 vor Christus, eine Botschaft übergibt. Für das zweite Bild, die Farben sind abwechselnd invertiert, springen wir ins Mittelalter. Wir sehen die Nachrichtenübertragung um circa 1200. Ein Bote reitet durch eine Burgenlandschaft. Das dritte Bild zeigt eine Szene aus dem Hochmittelalter. Ein Botenfrachtwagen diente zu dieser Zeit zur Personen- und Güterbeförderung. Die Übermittlung privater Briefe war nicht gestattet.

Das letzte Bild zeigt eine Frau und ein Kind, welches einen Brief in einen Postkasten wirft. Zwar sind diese heute in der Regel nicht mehr so romantisch verziert, und auch der Biedermeier-Kleidungsstil wartet noch auf seine Renaissance, dennoch stand es zu jener Zeit wie heute der gesamten Bevölkerung frei, mittels der Post zu kommunizieren.

Adresse Ernst-Haeckel-Platz, 07745 Jena-Zentrum | **ÖPNV** Tram 5, 33, 35, Haltestelle Holzmarkt; Tram 1, 2, 3, 4, 34, Haltestelle | **Tipp** Richtung Westbahnhof kommt man an vielen tollen kleinen Geschäften und Cafés vorbei. Und hier findet sich auch der grasgrüne Schriftzug »Du bist einfach paradiesisch«.

78 Die Prüssing-Villa

Das Verwaltungsgebäude des Jenaer Zementpioniers

Das heutige Industriegebiet »Jena21« ist für Besucher Jenas, Spaziergänger oder Sonntagsausflügler noch nie ein wirklich attraktiver Ort gewesen. Früher befand sich hier ein bedeutendes Zementwerk. Aufgrund von Komplikationen mit dem Staub, der mit steigendem Betriebswachstum ebenfalls stetig zunahm, musste das Werk im Jahr 1967 schließen. Heute ist von der Fabrik nicht mehr viel zu sehen. Die übrigen Gebäude stehen unter Denkmalschutz und sind sowohl optisch als auch aufgrund ihrer Bedeutung für die Geschichte Jenas einen Besuch wert.

Der Ingenieur und Fabrikant Godhard Friedrich Julius Prüssing, geboren am 25. Juli 1828 in Bad Segeberg und gestorben am 9. Oktober 1903 in Jena, kam mit der Gründung der Sächsisch-Thüringischen Portland-Cement-Fabrik Prüssing & Co. KGaA in Göschwitz nach Jena. Den nahe gelegenen Mönchsberg nutzte man zum Abbau von Kalkstein, welcher über eine Seilbahn in das Zementwerk transportiert wurde. Der beeindruckende Steinbruch ist noch heute ein tolles Ausflugsziel.

Damals galt das Verwaltungsgebäude der Fabrik, die Prüssing-Villa, als das, was wir heute als »Musterhaus« bezeichnen würden. 1897 wurde es errichtet. Architekt war der damals knapp 40-jährige Ludwig Hirsch, der für mehrere Gebäude im Jenaer Stadtbild, wie die Villa von Rudolf Eucken, verantwortlich zeichnet. Die Prüssing-Villa wirkt auf den ersten Blick etwas zusammengestückelt. 1902 und 1919 wurden mehrere Anbauten hinzugefügt. Die Zementfabrikanten wollten damit die Bandbreite des Baustoffs zeigen. Das Gebäude hat eine Nutzfläche von etwa 1.350 Quadratmetern, besitzt drei Vollgeschosse, ein Dachgeschoss sowie zwei Kellergeschosse.

Neben der Villa trägt wenige Meter entfernt seit 1991 eine Straße den Namen des Jenaer Zementpioniers.

Anfang der 1990er Jahre erwarb die Stadt das 20 Hektar große Areal. So entwickelten sich die Flächen zum Technologiepark »Jena21«.

Adresse Otto-Eppenstein-Straße 3, 07745 Jena-Göschwitz | ÖPNV Bus 12, 18, 48, Haltestelle Jena21 | Öffnungszeiten nur von außen zu betrachten | Tipp Vom Bahnhof Göschwitz kommt man durch eine kleine Unterführung, an der Feuerwehr vorbei, auch sehr schnell zum Gelände. Einen Snack für den Weg gibt es beim sympathischen Kiosk »Gleis 3/4« (geöffnet Mo – Fr 6 – 20 Uhr, Sa 10 – 17 Uhr, So 11 – 18 Uhr).

79 Der Pyramiden-Altar

Vom Holzwurm verschont

Ein einfaches und vor allem günstiges Bastelmaterial ist Pappmaschee. Die Anleitung könnte einfacher kaum sein. Papier, Zeitungspapier oder sogar Toilettenpapier in kleine Schnipsel schneiden und mit Kleber vermischen. Hat man gerade keinen Kleber zur Hand, funktioniert auch eine natürliche Mischung aus Wasser und Mehl. Mit Farben angereichert, ist das Material bestens geeignet, um Lampions, Schalen, Windlichter, Spardosen und Kirchenaltare aus dem 17. Jahrhundert zu erstellen.

Bis 1991 stand in der Ziegenhainer Marienkirche ein barocker Pyramiden-Kanzel-Altar aus dem Jahre 1694, der hauptsächlich aus Pappmaschee besteht. Mit farbigen Ornamenten geschmückt, trägt der Altar ein Reliefbild von Martin Luther und gilt als der älteste noch erhaltene seiner Art in Thüringen. Der Detailreichtum des Pyramiden-Kanzel-Altars ist beeindruckend und vor allem an den Engelsgesichtern zu erkennen. Die Sanierung des Altars hatte bereits 1987 begonnen. Hierfür lagerte man das Denkmal aus und brachte es über viele Jahre in einem Depot in Apolda unter. Anlässlich der Denkmal-Messe 2008 in Leipzig entschied man sich jedoch, den Altar auszustellen und ihn einem größeren Publikum zu zeigen. Das Interesse war groß, und die gesteigerte Aufmerksamkeit weckte bei den Ziegenhainern den Wunsch, den Altar wieder zurück nach Hause zu holen.

Für die Restauration, die mehrere zehntausend Euro kostete, zeichnete Diplom-Restauratorin Christine Machate verantwortlich. Den größten Anteil der Finanzierung des Projekts übernahm das Thüringische Landesamt für Denkmalpflege und Archäologie. Gemeinsam konnten die Landeskirche, die örtliche Kirchengemeinde sowie ein eigens gegründeter Interessiertenkreis aus Ziegenhainern genügend Spenden sammeln, um die Restauration zu realisieren. Am 2. Oktober 2017 wurde die Wiederaufstellung des Pyramiden-Kanzel-Altars gebührend im Stadtteil Jena-Ziegenhain gefeiert.

Adresse Turmgasse, 07749 Jena-Ziegenhain | **ÖPNV** Bus 16, Haltestelle Ziegenhainer Tal | **Öffnungszeiten** während der Gottesdienste, für einen Besuch außerhalb der Gottesdienste erhält man Informationen unter Tel. 03641/360464 | **Tipp** Am oberhalb liegenden Steinkreuz gibt es einen wunderbaren Platz für ein Picknick, eine kleine Grillfeier oder einen Ausgangspunkt für einen Waldspaziergang.

80_Die Rathauswand

Wieg lieber noch mal nach

Sie ist kaum mit bloßem Auge erkennbar, aber wird man darauf hingewiesen, ist es schon eine merkwürdige Stelle an der Mauer des historischen Rathauses in Jena am Markt. Fährt man mit der Hand die Wand entlang, ist sie deutlich spürbar, die Vertiefung im Stein. Hier wurden Delinquenten einst »an den Pranger« gestellt. Größere Menschen müssen ein wenig in die Hocke gehen, um den Hinterkopf an jener Vertiefung zu platzieren. Man kann nur versuchen sich vorzustellen, wie es gewesen ist, seine Strafe auf diese Art und Weise über sich ergehen lassen zu müssen.

Die dunkle Zeit des Mittelalters ist auch an Jena nicht spurlos vorbeigegangen. Im Laufe des 16. Jahrhunderts wurden beispielsweise aufrührerische Bauern auf dem Markt geköpft und mordende Brandstifter bestraft.

Neben den grausamen Hinrichtungen wurden auch sogenannte Ehrenstrafen verhängt. So verurteilte man zum Beispiel zwei Frauen wegen Beleidigung zum Steintragen. Eine andere Frau, welche gestohlen hatte, musste ein Halsband tragen, vermutlich eine Art Schandkragen zur Demütigung. Einen Fuhrmann, der in Gärten Türen ausgehoben und verkauft hatte, behängte man mit Brettern und Eisenwerk und stellte ihn an ebenjene Stelle an der Rathauswand, welche noch heute eine Vertiefung im Mauerwerk aufweist. Damals war zusätzlich ein Hals- und Handeisen in die Mauer eingelassen, mit dem man die Menschen an der Wand fixierte. Verbüßt wurden hier die Strafen für kleinere Delikte, wie das falsche Abwiegen auf dem Markt. Die Verurteilten wurden dann an dieser Stelle öffentlich zur Schau gestellt, was in einer Stadt wie Jena, mit einer überschaubaren Größe, soziale und auch familiäre rufschädigende Folgen haben konnte.

Dass das Verbüßen solcher Strafen und die Hinrichtungen zu öffentlichen Festen wurden und sich Schaulustige an den Qualen anderer erfreuten, ist heute kaum mehr vorstellbar.

Adresse Markt 1, 07743 Jena-Zentrum | **ÖPNV** Tram 5, 33, 35, Haltestelle Holzmarkt; Tram 1, 2, 3, 4, 34, Haltestelle Löbdergraben; Bus 10, 11, 12, 14, 15, 16, Haltestelle Teichgraben | **Tipp** Wer fernab von Bestrafungen gern konventionell und klassisch heiraten möchte, der findet hier im Rathaus das altehrwürdige Standesamt.

81_Die Riesenweintraube

Als der Wein noch 700 Hektar maß

»Als die Männer schließlich ins Traubental kamen, schnitten sie eine Weinranke mit einer Traube ab und trugen sie an einer Stange.« 4. Mose, Kapitel 13, Vers 23 im Alten Testament.

Erstmalig urkundlich erwähnt wurde der Weinbau in Jena 1182, als die Franken nach Thüringen kamen und den Wein mitbrachten. Im 15. und 16. Jahrhundert hat es hier über 700 Hektar Weinberge gegeben. Das entspricht der Fläche von fast 1.000 Fußballfeldern. Der Weinbau war ein bedeutender Wirtschaftszweig, auch für Menschen, die nur indirekt damit zu tun hatten. Jenas Stadtwappen ziert eine Weintraube auf dem silbernen Schild, in Jena geprägte Münzen zeigten die Früchte des Weins, und auch die Grenzsteine wurden damit verziert. Der Weinanbau war maßgeblich dafür verantwortlich, dass Jena große Berühmtheit erlangte und als Standort für eine Universität ausgewählt wurde. Doch letzteres Kapitel der Stadtgeschichte , welches für Jena so bedeutsam ist, war zugleich der Sargnagel für die des Weinbaus in der Stadt.

Durch die Universität bekam Jena viele neue Einwohner und brauchte Platz für Wohnraum. Die Studenten stellten auch keine günstigen Hilfskräfte dar. Da die Arbeit am Hang sehr anstrengend war, fanden sie andere Tätigkeiten bedeutend attraktiver. Zur sich anbahnenden wirtschaftlichen Dürre kam hinzu, dass die Schweden während des Dreißigjährigen Kriegs (1618–1648) die Weinstöcke großflächig abbrannten. Der Weinbau rückte zunehmend in den Hintergrund, und die Weinberge verfielen mit der Zeit. Bis Ende des 19. Jahrhunderts vom Weinbau in Jena nichts mehr übrig war.

Relikte, die an die gute alte Zeit erinnern, gibt es jedoch hier und da noch zu entdecken. Wie zum Beispiel das biblische Relief, welches Joshua und Kaleb zeigt, die eine überdimensional große Weintraube an einer Stange tragen. In einer kleinen Gasse am Markt über dem Stück der alten Wasserrinne ist das Relief zu finden.

Adresse Markt 8, 07743 Jena-Zentrum | **ÖPNV** Tram 5, 33, 35, Haltestelle Holzmarkt; Tram 1, 2, 3, 4, 34, Haltestelle Löbdergraben; Bus 10, 11, 12, 14, 15, 16, Haltestelle Teichgraben | **Tipp** Durch das Gässchen weiter Richtung Stadtkirche geht's zu Ara, einem der Sieben Wunder. Eine Info-Tafel gibt Informationen darüber.

82 Die Rinne der Leutra

Es fließt ein Mörder unter uns

Am 22. Juni 1725 stirbt ein sechsjähriger Junge. Am 16. Februar 1727 wird der Universitätsglaser Franke tot aufgefunden. Doch hier handelt es sich mitnichten um das Werk eines Serienkillers – und der Täter ist auch kein Mensch.

Läuft man den Lommerweg entlang, kann man den Mörder bei einem Spaziergang über viele Meter begleiten. Die Leutra, welche wir heute maximal als kleinen Plätscherbach Richtung Jena-West kennen, war einst ein wildes Gewässer, das nicht selten zu Hochwasser führte. Die Kraft dieses Baches wollte man sich jedoch auf (augenscheinlich) ungefährliche Weise zunutze machen. So wurde der Bach geteilt und ein ruhigerer Arm mitten durch Jena geführt. In einem kleinen Durchgang am Markt kann man noch ein Relikt aus dieser Zeit entdecken. Eine kleine Steinrinne zeigt, dass die Leutra nicht nur genutzt wurde, um die Mühlen zu betreiben, die stadtauswärts lagen, sondern auch zwei Mühlen im Stadtgebiet – die Judenmühle und die Marktmühle. Auch war es durch den innerstädtischen Fluss ein Leichtes, Jena mit ein wenig Arbeitskraft sauber zu halten.

Die Leutra war also ein gleich in zweifacher Hinsicht hilfreiches Gewässer. Aber so groß der Nutzen auch gewesen ist, so war der Bach doch gefährlich. Der sechsjährige Junge fiel hinein und wurde durch die Räder der Marktmühle zerquetscht. Der Glaser Franke stürzte nach einem feuchtfröhlichen Abend in die Leutra und ertrank. Tragische Geschichten um einen geschichtsträchtigen Bach. Heute muss im Stadtkern niemand mehr um sein Leben bangen.

1904 wurde der Betrieb der Marktmühle eingestellt, und wenige Jahre später wurde sie rückstandslos abgerissen. Heute befindet sich an ihrer Stelle das Stadtmuseum, benannt nach Paul Göhre, welcher hier das spätgotische Gebäude errichtete. Was bleibt, ist das kleine Relikt, über welches zwar kein Bach mehr fließt, das aber zu Zeiten des Regens dennoch ein bisschen Wasser abbekommt.

Adresse Ecke An der Marktmühle/Markt, 07743 Jena-Zentrum, vom Markt aus rechts neben dem Stadtmuseum in einem kleinen Gässchen | ÖPNV Tram 5, 33, 35, Haltestelle Holzmarkt; Tram 1, 2, 3, 4, 34, Haltestelle Löbdergraben; Bus 10, 11, 12, 14, 15, 16, Haltestelle Teichgraben | Tipp Zwar steht die Mühle selbst nicht mehr, in der sogenannten Göhre-Passage findet man aber die urige Kneipe »Marktmühle« (täglich 18.30 – 0 Uhr geöffnet).

83 Der Rosenkeller

Vom Rosenweg nach Kleinjena in wenigen Promillen

Für Musik- und Partyfreunde, aber vor allem für internationale Bands definiert sich Jena durch die unterschiedlichen Locations für Konzerte und Veranstaltungen. Die Clubbetreiber achten stets darauf, Vielfalt anzubieten, und sind nicht darauf aus, sich gegenseitig das Publikum wegzunehmen. Besonderen Kultstatus hat der »Studentenklub Rosenkeller«. Neben Veranstaltungen verschiedener Fachschaften bietet der Keller Konzerte und lädt zu pulsierenden Partys ein. Aber auch Freunde der leiseren Töne kommen nicht zu kurz. Der Rosenkeller ist mehr als eine Location. Das wissen auch die Jenenser und führen ihre Gäste gern hierher, um ihnen das Nachtleben der Stadt zu präsentieren.

Hinter der schweren Eingangstür gelangt man über eine lange und steile Treppe hinunter in den Tiefkeller eines Weinguts aus dem 13. Jahrhundert. Studenten haben diesen 1965 in freiwilliger Arbeit zu einem Veranstaltungsort ausgebaut. Am 3. Mai 1966 konnte der »Rosenkeller« dann eröffnet werden. Seither ist viel passiert: Seit dem Durchbruch zu einem weiteren Gewölbe, der »großen Tonne«, sind seit 2007 größere Veranstaltungen möglich.

Neben vielen weiteren Renovierungen und Verbesserungen wurden die Sanitäranlagen ausgebaut und der Eingangsbereich vergrößert. Selbst Alteingesessene sind stets überrascht: Der Rosenkeller arbeitet fortwährend an seiner Gestalt. Doch etwas verändert sich nie, der Club ist unabhängig, und jeder packt mit an, von 1965 bis heute.

Wenn man nicht bis zur späten Stunde warten möchte, kann man versuchen, auch tagsüber einen Blick in die Tiefen des Kellers zu erhaschen. Die Mitarbeiter machen ihn zu dem, was er ist, und sind stolz darauf, ihn auch zu präsentieren. Wenn man Glück hat, kann man sogar von Zeit zu Zeit noch einen »Studenten der ersten Stunde« im Außenbereich des Kellers antreffen und sich ein paar spannende Geschichten erzählen lassen.

Adresse Johannisstraße 13, 07743 Jena-Zentrum | ÖPNV Tram 5, 33, 35, Haltestelle Ernst-Abbe-Platz; Bus 10, 11, 12, 14, 15, 16, Haltestelle Teichgraben | Öffnungszeiten Programm unter https://rosenkeller.org, bis auf Sonntag ist fast jeden Abend geöffnet | Tipp Zu essen gibt es einfach eine Tür weiter vorn. Die Cafeteria »Zur Rosen« hat Montag bis Freitag von 11 bis 22 Uhr geöffnet.

84 Der Rote Turm

Der Turmbau zu Jena

Neben dem Anatomieturm und dem Johannistor sind zwei weitere Türme der historischen Stadtmauer als interessante Zeitzeugen der Jenaer Geschichte erhalten. Gerade einmal 700 Meter Fußweg trennen den Pulverturm vom Roten Turm. Gräben, Mauern, Zwinger, drei Tortürme, vier Eckbastionen und zwölf nachträglich eingefügte Schalentürme bildeten ab 1300 die geschlossene Stadtfeste Jenas. Mit 20 Meter Höhe und vier Stockwerken dominierte der Pulverturm die nordwestliche Ecke der Mauer. Der Pulverturm ist ausschließlich über einen acht Meter hohen Wehrgang zu betreten, welcher 1980 rekonstruiert wurde und den Eckturm mit dem Johannistor verbindet. Das Ensemble ist das größte erhaltene Relikt der Jenaer Stadtmauer.

An der Südostecke der alten Jenaer Stadtmauer befindet sich der Rote Turm. Der Schalenturm hat eine Höhe von 19 Metern, einen Durchmesser von circa zwölf Metern und wurde 1430 im Rahmen von Baumaßnahmen zu einer offenen Geschützbastion umgebaut. Nur noch der Sockel ist heute im originalen Zustand erhalten. 1870 wurde dieser mit einem roten Sichtmauerwerk überbaut. Das vierstöckige Mauerwerk sollte auch zu Wohnzwecken dienen. Am 7. August 1995 stürzte der Turmaufbau bei Sanierungsmaßnahmen ein. Grund war ein Versagen des Außenmauerwerks. Vier Menschen kamen bei diesem Unglück ums Leben, und vier weitere wurden verletzt. 1999 bis 2000 wurde der Turm mit einem Kostenaufwand von 1,3 Millionen Euro im historischen Erscheinungsbild wiederaufgebaut. Nachdem sich, für eine gewisse Zeit, die Ausstellungsräume des Jenaer Kunstvereins im Roten Turm befanden, dient er heute als Räumlichkeit einer Anwaltskanzlei.

Das historische Äußere des Roten Turms und das Ambiente des Faullochs mitsamt dem Pulverturm und dem Johannistor bieten eine wunderbare Kulisse für einen Spaziergang durch das Jenaer Stadtzentrum mit all seinen sehenswerten Orten.

Adresse Löbdergraben 11a, 07743 Jena-Zentrum | ÖPNV Tram 5, 33, 35, Haltestelle Holzmarkt; Tram 1, 2, 3, 4, 34, Haltestelle Löbdergraben; Bus 10, 11, 12, 14, 15, 16, Haltestelle Teichgraben | Öffnungszeiten nur von außen zu betrachten | Tipp Das Literaturmuseum Romantikerhaus ist auch eine Besichtigung wert (geöffnet Mo–Fr 10–17 Uhr). Wem der Magen knurrt, kann beim »El Sombrero« einen mexikanischen Burger essen.

85 Der Rundweg zur Mathematik

$a^2 + b^2 = c^2$ … so weit alles klar!

Mathematik begreifbar machen! Moment – nicht gleich die Hände über dem Kopf zusammenschlagen und einen Ort weiterblättern, es wird interessant und sicher erhellend.

Seit dem Frühjahr 2015 gibt es inzwischen elf Stationen auf einem über sieben Kilometer langen Spazierweg, der Körper und Geist nachhaltig fit hält. Zu den tischartigen Installationen im öffentlichen Raum (vier Schulhöfe, vier Vereine, ein privater Träger und zwei Stadtflächen) führt der Rundweg durch das nördliche und östliche Stadtgebiet. Dabei werden mathematische Fragestellungen anschaulich dargestellt. Wer also noch nie etwas von Brücken- und Übersetzungsproblemen oder Pythagoräischen Zahlentripeln gehört hat, kann sich an den Stationen wissenschaftliche Erleuchtung holen. Dafür reichen (theoretisch) sogar Mathematikkenntnisse bis zur achten Klasse. An jeder der Stationen, die auf einem Stahlfuß fest in den Boden eingelassen sind, ist ein Infoblatt angebracht, und Flyer informieren über das Gesamtkonzept. Initiiert wurde dieses für jeden zugängliche Wissenschaftsprojekt von Dr. Carsten Müller.

Wie viele Pyramiden passen in den Würfel bei gleicher Grundfläche und halber Höhe? Welches Verhältnis haben die Volumen von Zylinder, Halbkugel und Kegel jeweils zueinander? Diese Fragen stellt die Station direkt am geometrisch passenden Planetarium.

Weitere Stationen sind die GESCH-Finnlandsauna, das Carl-Zeiss-Gymnasium, der Kleingartenverein Rautal e. V. Jena, der Stadtforst Jena, die Nordschule, die Heineschule, das Angergymnasium, die Grundschule am Rautal, die alte Kunitzer Hausbrücke und die Imaginata. Mit dem Rundweg wird ein begehbarer wissenschaftlicher Bogen gespannt, der sich etwa entlang einer Kreislinie bewegt, die ein 65537-Eck mit einer Kantenlänge von rund zehn Zentimeter hat. Verstanden? Nicht? Na, dann auf zu Station 1!

Adresse Am Planetarium 5, 07743 Jena-Zentrum | **ÖPNV** Tram 1, 4, 34 oder Bus 15, Haltestelle Spittelplatz | **Tipp** Ein ganz persönlicher Tipp: Nehmt jemanden mit, der davon ein bisschen Ahnung hat, dann braucht ihr nur noch zustimmend zu nicken. Die Imaginata ist ein toller Ort, um Wissenschaft greifbar zu machen (täglich 10–18 Uhr geöffnet).

86 Der Saalebogen

Zu Fuß oder mit dem Fahrrad entlang der Saale

Die Bürger Jenas sollen ihren Fluss zurückbekommen! Die Saale durchfließt die Stadt, komplett vom Fuß bis zum Kopf, als sei sie ein wichtiges Organ, welches die Stadt am Leben hält. Doch könnten die Jenaer Bürger mehr von ihrem Fluss haben. Klar, es gibt den Paradiespark, doch ist hier von der Saale selbst kaum etwas zu sehen. Ein beliebter Ort ist das Wenigenjenaer Ufer, gerade im Sommer merkt man hier aber, dass die grünen Uferflächen der einzige Anlaufpunkt vieler Menschen zu sein scheinen.

2009 wurde deswegen der Rahmenplan Saale durch den Jenaer Stadtrat ins Leben gerufen. Ziele sind unter anderem »eine durchgängige Erlebbarkeit der Flusslandschaft, Verbesserung der naturräumlichen Ausstattung, der Biodiversität und Regenerationsfähigkeit der Aue, Förderung begleitender Serviceeinrichtungen und Infrastrukturen, Erhalt und Verbesserung der Schönheit der Kulturlandschaft, Schaffung von Anreizen zur landwirtschaftlichen Nutzung und die Gestaltung einer Landschaft über die Stadtgrenzen hinaus«.

Rad fahren, spazieren, Sport treiben, sich erholen und picknicken: Verschiedene Punkte des Rahmenplans wurden bereits umgesetzt, so auch im Abschnitt zwischen Göschwitz und Lobeda-West. Hinter den Rohren der Fernheizleitung lag eine beachtliche Fläche an Brachland. Dieser grüne Freiraum sollte den Bewohnern des einwohnerstärksten Stadtteils Jenas zugänglich gemacht werden. Unter Berücksichtigung der bestehenden landwirtschaftlichen Elemente und mit der Vision des klassischen Landschaftsparks wurde in sechsjähriger Arbeit der Landschaftspark Saalebogen geschaffen.

23.000 Einwohner von Lobeda und 6.000 Mitarbeiter im Gewerbepark Göschwitz können seit der feierlichen Eröffnung 2016 im umgestalteten Abschnitt des Saalebogens eine grüne Auszeit nehmen. Etwa 1,8 Millionen Euro kostete die aufwendige Umgestaltung.

Adresse Prüssingstraße, 07745 Jena-Göschwitz | ÖPNV Tram 1, 3, 4, 33, 35, Bus 10, 42, Haltestelle Lobeda-West | Tipp Der Saalebogen erstreckt sich über ein riesiges Areal. Man kann zum Beispiel ab der Haltestelle Lobeda-West zur Alten Burgauer Brücke spazieren.

87_Der Schillerhof

Speis und Trank und Indie-Film

Ist es nicht eine wunderbare Vorstellung, einen warmen Sommerabend mit einem Picknick am Flussufer zu verbringen und anschließend mit einem schönen Film ausklingen zu lassen? Am besten fernab des Mainstreams in einem gemütlichen, romantischen, kleinen Kino. Jena hat das Glück, sogar zwei davon zu haben. Diese stehen sich nicht im Weg, sondern ergänzen sich perfekt.

Im Schillerhof kann unser Ausgangsszenario nämlich auch dann stattfinden, wenn sich das Wetter nicht für ein gemütliches Picknick eignet. Dafür gibt es direkt im Haus das Café Schillerhof. Für ein leckeres Mittag- oder Abendessen, Kaffee und Kuchen und ein kühles Getränk vor dem Film oder ein Glas Wein für die Auswertung danach ist man hier genau richtig.

Seit 1999 lockt das kleine Programmkino Schillerhof nun seine Gäste mit einem anspruchsvollen Programm. Neben dem »Blauen Saal« für 100 Zuschauer konnte das Haus nach vereinsgeführten, erfolgreichen Anfangsjahren um den »Roten Saal« für 30 Zuschauer erweitert werden. Doch der Ausbau zog auch finanzielle Ansprüche nach sich, und so konnte das Kino nicht mehr als Verein geführt werden. Christian Pfeil und Daniel Krischker übernahmen kurz vor drohender Schließung 2007 das Haus und sind bis heute gleichberechtigte Partner des erfolgreichen Unternehmens.

Neben den modernen digitalen Standards gibt es im Blauen Saal auch noch einen 35-Millimeter-Projektor, mit dem zu regelmäßigen Terminen Filmklassiker für Liebhaber vorgeführt werden. 2014, ein Höhepunkt in der Geschichte des Hauses, wurde das Kino im Schillerhof für sein Programm von der Mitteldeutschen Medienförderung zum besten Kino Mitteldeutschlands gekürt.

Die Mischung aus Tradition und Moderne mit Vertretern aller Genres, Klassikern, Dokumentarfilmreihen und verschiedenen Sondervorstellungen macht einen Besuch im Schillerhof stets zu einem interessanten Erlebnis, mit oder ohne Picknick.

Adresse Helmboldstraße 1, 07749 Jena-Wenigenjena | **ÖPNV** Tram 2, 3, 33, Bus 14, Haltestelle Schlippenstraße | **Öffnungszeiten** Café Schillerhof: Mo–Fr 12–24 Uhr, Sa, So 14–24 Uhr; Kino ab frühem Nachmittag | **Tipp** Wer mal wieder viel zu früh da ist, kann sich noch beim Supermarkt um die Ecke eine Flasche Milch an der Milchtankstelle holen (Edeka Mo–Sa 8–20 Uhr).

88 Schloss Thalstein

Vom Zerfall eines Schmuckstücks

Wenn man sich auf den Pfaden Goethes zur Besichtigung des Erlkönigs befindet (siehe Ort 29), lohnt es sich, ein paar Meter weiter Richtung Kunitz zu wandern, um ein besonderes und zugleich umstrittenes Bauwerk zu besichtigen. Umstritten keinesfalls, weil es sich keiner Beliebtheit erfreut, ganz im Gegenteil, es könnte zu den schönsten Bauwerken Jenas gehören. Doch fest verriegelt scheinen die Mauern des alten Schlosses Thalstein in einen Dornröschenschlaf gefallen zu sein, und das, wenn es nach den Jenaer Bürgern geht, schon viel zu lange.

Bereits zu Beginn des 15. Jahrhunderts wird im Geschossbuch der Stadt Jena ein Albrecht Tümpling mit Gütern am Jenzig und bei dem »Talensteyne« genannt. »Thalstein« deutet dem Wort nach auf eine Höhe oder einen Felsen, also auf einen Teil des Jenzigs hin. Schloss Thalstein steht seit dem Ende des 19. Jahrhunderts am nordwestlichen Fuße des Berges. Zwischen 1892 und 1903 erbaut, war das Anwesen noch bis 1960 im Besitz der Familie Tümpling, die es dann an das VEB Funkwerk Arnstadt verkaufte. Der ursprüngliche Plan der Stadt Jena, das Kinderheim Schweizerhöhe in das Schloss zu verlegen, zerschlug sich aus Kostengründen. Noch bis zur Wende als Ferienheim genutzt, steht das Gebäude seitdem leer. Seit der Veräußerung des Schlosses Thalstein 2002 durch das Bundesvermögensamt verfällt es zunehmend. Die Bevölkerung Jenas ist sehr verärgert darüber, denn das Schloss könnte ein ansehnliches Gebäude im Stadtbild darstellen. Das Trauerspiel führte dazu, dass der Besitzer, ein Steuerberater aus Jena, 2010 mit dem Negativpreis »Schwarzes Schaf der Denkmalpflege« des Denkmalverbunds Thüringen ausgezeichnet wurde.

Auch wenn man nur bis vor die Tore und Türen des einst schönen Schlosses Thalstein kommt, so lohnt sich der Weg, um wenigstens die Möglichkeit zu haben, sich vorzustellen, wie das Gebäude einst aussah und heute aussehen könnte.

Adresse Am Erlkönig 104, 07749 Jena-Wenigenjena | **ÖPNV** Tram 2, 3, 33, Haltestelle Jenzigweg, von da heißt es spazieren gehen (circa 2 Kilometer) | **Öffnungszeiten** nur von außen zu betrachten | **Tipp** Wenn man schon einmal da ist, kann man auch gleich von hier einen der Wanderwege auf den Jenzig nehmen.

89 Das sich wälzende Pferd

Ein Pferd, das sich wälzt, ist ein glückliches

Es gibt viele wunderbare, aber vor allem unterschiedliche Beispiele für Kunst im öffentlichen Raum in allen Stadtteilen Jenas. Ein paar Meter entfernt von zwei kämpfenden Hunden in der Parkanlage in Lobeda-Ost (siehe Ort 111) befindet sich eine weitere animalische Plastik. Wie auch bei dem Objekt der sich balgenden Boxer ist hier die Körperspannung ein zentrales Element.

Pferde nehmen einen sehr hohen Stellenwert im Gesamtwerk von Bildhauer und Keramiker Volkmar Kühn aus Königssee ein. Das ist kein Zufall, schließlich arbeitete Kühn in den 60er Jahren als Tierpfleger im Zoo Chemnitz. Seine enge Verbindung zu Tieren spiegelt sich in vielen seiner Arbeiten wider. Neben zahlreichen Varianten von stehenden Pferden und berittenen Pferden hat er auch die Plastik »Sich wälzendes Pferd« geschaffen.

Wer es noch nicht live miterlebt hat, konnte eine ähnliche Szene sicher schon in Dokumentationen oder Fernsehberichten sehen: Ein Pferd legt sich vergnügt auf den Rücken, reißt die Beine nach oben und dreht sich freudig hin und her. Entgegen den lebendigen Geschwistern winkelt das Pferd der Plastik die Beine allerdings nicht an, was die Skulptur formaler und die Formen dadurch eindeutiger wirken lässt. Den Kopf streckt das Pferd, so weit es geht, nach oben, die Muskeln und Sehnen des Halses sind dabei bis zum Äußersten gespannt. Vorderbeine und Kopf bilden einen rechten Winkel. Die Szene ist im Moment eingefangen und die Dynamik der Plastik sehr beeindruckend. Man spürt die Anspannung und die Anstrengung des Tieres, die es für dieses kurze Vergnügen auf sich nimmt. Denn ein Pferd, das sich wälzt und streckt, ist ein Pferd, welches sich wohlfühlt. Die Plastik ist ein Sinnbild für Freiheit.

Man sollte sich die Details der Plastik von allen Seiten anschauen. Schließt man die Augen, kann man das Pferd vielleicht sogar schnaufen hören.

Adresse zwischen Rudolf-Breitscheid-Straße 6 und Liselotte-Herrmann-Straße 38b, 07747 Jena-Neulobeda | **ÖPNV** Tram 3, 5, 34, 35, Haltestelle Richard-Sorge-Straße | **Tipp** Entlang des Weges kommen noch zahlreiche interessante Plastiken. Er verläuft direkt entlang der Straßenbahn, sodass man jederzeit in die ständig fahrende Linie 5 einsteigen kann.

90 Der sitzende Abbe

Ein Mann ohne Ruh

Carl Zeiss steht seit 2017 mit seinem Mikroskop am damals neu gestalteten Johannisplatz zwischen Wagnergasse und Jentower. Doch ist dies nicht die erste Plastik im öffentlichen Raum aus der Werkstatt des Bildhauers Klaus-Dieter Locke aus Bad Berka. Seit 2015 sitzt nämlich der lebensecht wirkende Ernst Abbe, eine Hand auf seinem Knie abgelegt, auf einer Bank vor dem Zeiss-Planetarium im Jenaer Stadtzentrum.

Zum 175. Geburtstag des deutschen Physikers gab die Ernst-Abbe-Stiftung die Skulptur bei Locke in Auftrag. Für den Künstler selbst war die Arbeit eine besondere Aufgabe. Er studierte ein paar Semester Physik in Jena und entwickelte in dieser Zeit ein Interesse am Menschen Ernst Abbe. Umso interessanter, dass Abbe, wie er dort auf der Bank sitzt, auf die alte Studentenwohnung des Künstlers blickt.

Wer möchte, kann sich direkt neben den langjährigen Leiter der Zeisswerke auf die Bank setzen. Zwar ist die Plastik, würde sie von der Bank aufstehen, einige Zentimeter größer als der echte Abbe, für die gewünschte Interaktion von Besuchern mit der Skulptur ist die Vergrößerung jedoch harmonischer.

Die Haltung, in der Ernst Abbe vor dem Planetarium gezeigt wird, ist sehr eigenartig, beinahe unruhig, und das nicht ohne Grund. Von 1857 bis 1859 studierte er in Jena Mathematik, Physik, Astronomie und Philosophie. Nur kurze Zeit später, nach Abschluss seines Studiums, unterrichtete er in Jena als Privatdozent mathematische Physik. 1876 wurde er von Zeiss zum Teilhaber in der Firma Carl Zeiss ernannt. Seit 1899 war er Alleininhaber des Unternehmens. Seinen dynamischen beruflichen Werdegang als Physiker, Statistiker, Optiker, Industrieller und Sozialreformer spiegelt die Plastik wider. Ernst Abbe – ein Mensch, der wohl nicht für längere Zeit auf einer Bank ruhte, sondern nach einer kurzen Rast schon wieder aufgestanden und weitergezogen wäre.

Adresse Am Planetarium 5, 07743 Jena-Zentrum | ÖPNV Tram 1, 4, 34 oder Bus 15, Haltestelle Spittelplatz | Öffnungszeiten Planetarium Di–So 9–20 Uhr | Tipp Das Planetarium bietet regelmäßig Veranstaltungen an, und in der Kaffeebar Ella kann man original Bürgler Eis genießen.

91 Das Spiegelbild

Das feuchte Schnaufen

Geht man vom Stadtzentrum Richtung Wagnergasse und passiert den Johannisplatz, kann man es plötzlich schnaufen hören. Wenn man entdeckt hat, woher das Geräusch kommt, braucht man aber nicht vor Schreck auf den nächsten Zaun zu springen. Die Stiere oder besser gesagt, der Stier ist nicht echt, sondern die Bronzeplastik »Das Spiegelbild«.

Der Johannisplatz erfuhr von 2015 bis 2017 eine umfassende Neugestaltung. Im letzten Viertel des 19. Jahrhunderts befand sich hier ein historischer Laufbrunnen. Für die Neugestaltung wollte man eine Hommage an jenen Brunnen schaffen, deswegen sollte das entstehende Kunstwerk das Element Wasser aufgreifen. Um den Platz auch für Kinder und Jugendliche interessant zu gestalten, fand 2014 in der Westschule ein Workshop statt. Das Resultat war eine Liste mit Wünschen, die man in das Konzept integrieren könnte. »Bespielbarkeit« und die »Darstellung von Tieren« waren unter anderem auf dieser Liste zu finden.

Den ausgeschriebenen Wettbewerb konnte Hermann Grüneberg aus Weimar und Halle 2015 gegen 45 weitere eingereichte Konzepte für sich entscheiden. 2017 wurde die Bronzeskulptur feierlich eingeweiht. Das gewünschte Element Wasser findet sich in einem sehr und in einem weniger offensichtlichen Punkt wieder. Zum einen spiegelt sich der Stier wie in einem Teich, woher das Werk auch seinen Namen hat. Die Skulptur hat aber noch einen Twist. Berührt man das rechte Horn des oberen Stiers, spritzt Wasser aus den Nüstern und läuft auf seine Spiegelung.

Erschreckt sich der Stier über sein eigenes Spiegelbild? Ist es eine Form der Resignation über die Bebauung einer Fläche, die einst der Natur gehörte? Was auch immer es ist, was den Stier zum heftigen Schnaufen bewegt, die interaktive, detailreiche Skulptur fügt sich wunderbar in das Stadtbild Jenas, einer Stadt, die beherrscht wird vom Grün der Natur und vom Mechanischen der Industrie.

Adresse Johannisplatz, 07743 Jena-Zentrum | ÖPNV Bus 16, Haltestelle Johannisplatz | Tipp Im »Kabuff« gibt es Stoffe, Kaffee und Süßes (geöffnet Mo–Sa 10–19 Uhr, So 12–18 Uhr).

92 Der Sportpark Lobeda

Down! – Set! – Hut! Hut! Hut!

Spaziert man durch den Saalebogen bei Lobeda-West, fällt einem ein ungewöhnliches Areal auf, mit dem man in Jena gar nicht mal so unbedingt rechnen würde. Was zuerst wie ein normales Sportfeld aussieht, ist auf den zweiten Blick etwas weniger Alltägliches. Zwei Goal Posts machen es zu einem Spielfeld für American Football.

Anfang der 1990er Jahre gab es von Jugendlichen den Wunsch nach einer Möglichkeit, American Football zu spielen. Diesen wollte man natürlich erfüllen. Es gab auch genügend Interessenten für die Umsetzung, und selbst die finanziellen Mittel waren nicht das Problem – es fehlte an Ahnung vom Sport, an Trainern und an einem Verein. Keine leichte Aufgabe. Aber eine, die man meistern wollte, und so gründete Ralf Seide am 26. Januar 1993 als Projekt der Straßensozialarbeit im »Jugendzentrum Treffpunkt« den Jenaer Hanfrieds e. V., den dritten American-Football-Verein in Thüringen.

Es folgten mehrere Jahre der harten Arbeit. Mit vielen Rückschlägen, wie zum Beispiel im Jahr 1997, als der Spielbetrieb aus finanziellen Gründen vorübergehend eingestellt werden musste. Oder 1999, als die Hanfrieds alle Spiele der damaligen Oberliga verloren. Doch sollte es auch wieder bergauf gehen. 2001 konnte das Team mit Hilfe eines amerikanischen Trainers in die Playoffs einziehen und Vizemeister werden. 2002 wurden sie ungeschlagener Meister der Oberliga und stiegen somit in die Regionalliga auf. 2006 erfolgte sogar der Aufstieg in die Zweite Bundesliga. Seit 2010 spielen die Hanfrieds ununterbrochen in der Oberliga.

2011 stellt ein weiteres wichtiges Jahr in der Geschichte des Footballvereins dar. Dem Verein steht seither das Sportgelände in Lobeda-West zur Verfügung. Der neu entwickelte Sportpark bietet durch das Footballfeld mehr Flexibilität und Professionalität: also optimale Trainingsbedingungen für den kleinen Verein und den harten Sport des American Football.

Adresse Alfred-Diener-Straße 2, 07747 Jena-Neulobeda | **ÖPNV** Tram 1, 3, 4, 33, 35, Bus 10, 42, Haltestelle Lobeda-West | **Tipp** Das Footballfeld liegt unmittelbar am Saalebogen. Auf Lobedaer oder Göschwitzer Seite gibt es hier viel Grün zum Spazierengehen. Direkt am Wasser findet man einige Stege und schöne Plätze, wo man die Füße im Wasser baumeln lassen kann.

93 Der Spross

Wo technische Entwicklung auf Landschaft stößt

Kaum zu glauben, dass das dichte Gewerbegebiet Göschwitz direkt an den romantischen Saalebogen grenzt. Ein Landschaftspark, welcher an der Saale verläuft und durch mehrere kleine Plätze und Wege zum Ausruhen, Spazieren oder Fahrradfahren einlädt. Auf beiden Seiten der Saale gibt es hier zahlreiche schöne und interessante Orte. Geht man vom Bahnhof Göschwitz oder Lobeda-West aus auf der Seite des Gewerbegebiets entlang der Saale, so kommt man nach einigen hundert Metern an eine große Wiese direkt am Ufer. Hier an der Straße steht der »Spross« – ein unbekanntes, aber sehr eindrucksvolles Kunstwerk.

Der »Spross« vereint die Besonderheiten des Standorts – die Natur auf der einen und die technischen Entwicklungen des Gewerbegebiets auf der anderen Seite – in einer Skulptur aus Edelstahl. 2013 wurde ein Wettbewerb ausgeschrieben, den die in Bremen geborene und in Leipzig lebende Künstlerin Elisabeth Howey gegen zahlreiche Mitbewerber für sich entscheiden konnte.

Am 14. Oktober 2014 wurde der Spross am Standort in Göschwitz aufgestellt. Die Skulptur ist sieben Meter hoch und besteht aus insgesamt 50 individuell gebogenen Rohren, die den technischen Aspekt des geschwungenen, sich nach oben verjüngenden Sprosses mit der Natur zusammenbringen. Zwei Kelche bilden den Abschluss, einer geschlossen, der andere geöffnet, mit den Enden buchstäblich dynamisch im Wind wirbelnd. Die Kelche sind mit LED-Strahlern ausgestattet, und so wird der Spross in der Nacht zu einem Farbenspiel aus Licht. Eine Tafel neben dem Spross dankt den Sponsoren, durch die der Großteil der Kosten von 50.000 Euro finanziert werden konnte.

Egal, ob nun aus Burgau kommend, bei einem Spaziergang vom Wehr oder nach einer Zugfahrt zum Bahnhof Göschwitz – den Spross im Gewerbegebiet sollte man sich im Sonnenschein funkelnd bei Tag und leuchtend in der Nacht nicht entgehen lassen.

Adresse Prüssingstraße 45, 07745 Jena-Göschwitz | ÖPNV Tram 1, 3, 35, Bus 10, 42, Haltestelle Ernst-Ruska-Ring | Tipp Direkt hinter dem Spross hat der neu errichtete Saalebogen ein kleines Ufer. Dieses eignet sich perfekt für eine kleine Auszeit.

94 Der Stahlring

Es ist, was es ist

Kunst im öffentlichen Raum spielt in Jena eine große Rolle. Sie verschönert nicht nur das Stadtbild, sondern lädt auch zum Diskutieren ein. Es ist wichtig, nicht einfach nur zu urteilen, sondern sich auch auszutauschen, um vielleicht andere Perspektiven kennenzulernen. Am Anger steht ein Kunstobjekt, das die meisten Jenaer Bürger sicher noch nicht kennen.

Im Rahmen des Bauhausjahres 2009 hat ein Jenaer Künstler einen Wettbewerb gewonnen, und das Ergebnis ist seit 2013 hier zu sehen. Eine geometrische Plastik, die durch ihre geschwungene Form beinahe zu schweben scheint. Robert Krainhöfners »Stahlring, verdreht und gesteckt« ist ein Ring aus korrodiertem Stahl mit einem Durchmesser von 2,50 Metern. An einer Stelle ist er aufgebrochen und gedreht und die Enden wieder ineinander verkeilt. Zudem steht die Skulptur auf drei Sockeln aus Granit, die durch ihre unterschiedliche Höhe von 40 bis 45 Zentimetern dem Ring weitere Dynamik geben. Man könnte meinen, dass der Titel der Skulptur ein wenig reißerisch ist, wenn man aber Herkunft, Form und Dynamik der Plastik betrachtet, stellt man fest, dass der Titel genau das ist, was auch die Skulptur sein soll: konkret.

Es geht bei diesem Objekt nicht darum, zu interpretieren, nach einem Grund zu suchen oder eine Geschichte darin zu entdecken. Es geht um die bewusste Veränderung einer Form, die Arbeit mit dem Material und den Prozess der entstehenden Dynamik. Es geht um einen Ring, der verdreht und wieder ineinander gesteckt wurde.

Eine wunderbare Arbeit, über die man fern von Mögen oder Nichtmögen diskutieren kann und sollte. Denn auch wenn man sich nur kurz darauf ausgeruht hat und erschrickt, dass es Kunst ist, auf der man sich gerade gesonnt hat, dann ist es noch längst nicht zu spät, das Objekt zu hinterfragen und vielleicht etwas Einzigartiges darin zu entdecken.

Adresse Gerbergasse, 07743 Jena-Zentrum | ÖPNV Tram 1, 4, 34 oder Bus 15, Haltestelle Universität | Tipp Von hier aus blickt man auf Jenas lustige und kleine Videothek »Video Töpfer«. Montag bis Samstag von 12 bis 20 Uhr können hier ganz klassisch Filme ausgeliehen werden. Inzwischen ja eine Rarität.

95 Die Sybille

Die Seherin der Winzerlaer Wasserachse

Geht man von der Straßenbahn kommend vorbei am Supermarkt und dem Flößerbrunnen, gelangt man zu verschiedenen Punkten der neu gestalteten Wasserachse. Darunter »Die Fischtreppe« von Martin Neubert, welcher auch die Sport-Kunst-Kollaboration am Institut für Sportwissenschaften erschaffen hat.

Das in ständiger Neugestaltung befindliche Projekt der Wasserachse bildet das Zentrum Winzerlas. Mit zahlreichen Stadtteilfesten und regelmäßigen Veranstaltungen definiert dieser öffentliche Freiraum für Winzerla einen Knotenpunkt zwischen Leben und Arbeiten. Neben verschiedenen Dienstleistern und kleinen Geschäften findet man hier auch die Schillerschule, eine Kindertagesstätte und die Stadtteilbücherei.

Einen Blick wert ist das sehr interessante »Geflecht« von 2007. Es ist Teil des Brunnenensembles »Sybille | Schrödingers Katze«. Die Sybille, eine Seherin der Zukunft aus der griechischen Mythologie, hat hoffentlich keine unheilvollen zukünftigen Ereignisse zu verkünden. Zwischen dem Geflecht und der Sybille befindet sich der dritte Teil der Gruppe: »Schrödingers Katze«. Man kann ihr dabei zusehen, wie sie voll Spannung auf einen Wasserstrahl wartet. In Erwin Schrödingers Gedankenexperiment von 1935 ist die Katze gleichzeitig tot und lebendig. Das scheint eindeutig. Die Bildhauerin Anne-Katrin Altwein aus Weimar, die den Wettbewerb um die künstlerische Gestaltung gewann, entwickelte das Brunnenensemble, welches die Spitze der Wasserachse bildet. Mit aufgestützten Ellenbogen, verschränkten Armen, einem nach oben gestreckten Oberkörper und überkreuzten Beinen liegt die Sybille in selbstsicherer Pose auf dem Wasserteppich und überblickt die komplette Wasserachse. Ihr Gesicht ist abgewandt, um nicht vom regelmäßigen Wasserstrahl nass gespritzt zu werden.

Ob abwärts der Achse mit der Seherin als Startpunkt oder wasseraufwärts vom Stadtbalkon, ein Spaziergang durch diesen Teil der Stadt lohnt sich.

Adresse Schrödingerstraße 44, 07745 Jena-Winzerla | **ÖPNV** Tram 2, 4, 34, Bus 10, Haltestelle Damaschkeweg; Bus 12, Haltestelle Hugo-Schrade-Straße | **Tipp** Schaut euch ruhig ein paar Runden des Wasserspiels an. Die Details in der Körperhaltung der beiden Figuren sind beeindruckend, und das Warten auf den Wasserstrahl macht Spaß. Am Jenaer Institut für Physik (Helmholtzweg 5) befindet sich eine Gedenktafel für Erwin Schrödinger, welcher 1920 nach Jena kam.

96 Tanzende Mädchen

Oder einfach nur: Tanz, tanz!

Gerade in den warmen Monaten ist die Johannisstraße ein Ballungsgebiet für Menschen jeden Alters. Der Sandkasten vor der JG Stadtmitte, das kleine Softeis-Häuschen, der Food Truck für vegane Burger, das Faulloch – ein beliebter Platz für Public Viewing bei Länderspielen, zur EM und WM – und natürlich der historische »Studentenklub Rosenkeller« (siehe Ort 83) laden ein, den Sommer in Jenas Zentrum zu verbringen. Schlendert man dann Richtung Stadtkirche, kommt man an einer dynamischen Plastik vorbei, die, passender könnte es nicht sein, zwei tanzende Mädchen zeigt. Ursprünglich waren die zwei, es könnten Schwestern oder gute Freundinnen sein, Teil einer Brunnenanlage mit kleinen Fontänen. Schon lange vor der Wende wurde das Becken aber bereits für Wechselbepflanzungen genutzt. Das DDR-Kunstwerk vermittelt den Optimismus und die Vorfreude auf die Zukunft im Selbstbild des Sozialismus.

An der Ecke Weigelstraße vor der Goethe-Apotheke tanzen die beiden barfüßigen Mädchen in ihren Sommerkleidern, fassen sich an den Händen. Und auch wenn es sich um eine Plastik handelt, so kann man förmlich fühlen, hören und sehen, wie sich die beiden voller Freude über einen warmen Sommer im Kreis drehen, spielen und tanzen.

1993 war allerdings kurz Schluss mit dem heiteren Tanz. Die Figuren mussten restauriert werden, da ihre Gliedmaßen abgetrennt worden waren. Heutzutage ist man ein wenig netter zu den beiden. Regelmäßig werden sie für Guerilla, oder besser Urban Knitting verwendet. Das passiert zwar klammheimlich und ohne die Mädchen um Erlaubnis zu fragen, jedoch werden die beiden kaum etwas gegen ihre bunte, abwechslungsreiche Strickkleidung haben. Von Söckchen über Schals bis zu kleinen Taschen war bereits alles dabei. Eine wirklich schöne Kollaboration von moderner Kunst und der Plastik von Ursula Schneider-Schulz aus dem Jahre 1961.

Adresse Weigelstraße 7, 07743 Jena-Zentrum | **ÖPNV** Tram 5, 33, 35, Haltestelle Holzmarkt; Tram 1, 2, 3, 4, 34, Haltestelle Löbdergraben; Bus 10, 11, 12, 14, 15, 16, Haltestelle Teichgraben | **Tipp** Der Softeisstand auf der Johannisstraße ist absolut kultig. Klassisch Schoko-Vanille oder mit Schokohaube oder Knusperperlen. Schon zu Zeiten vor den berüchtigten »Toppings« wurde hier Softeiskult großgeschrieben.

97 Die Teufelslöcher

Vom Vogelsteller und Fledermäusen

»›Aber den dort oben hast du wohl noch nicht geschaut!‹, versetzte Thomas nach einer schroffen Felsklippe hindeutend. Dort stand eine wundersame Gestalt mit braunrotem, schrecklichem Gesicht, gehüllt in einen Mantel von Vogelfedern, unter denen Teufelskrallen hervorguckten. Leimruten gingen aus der Brust hervor, und unter ihm, auf dem langen Barte saß eine Eule. ›Das ist der Vogelsteller!‹, sprach Thomas. In diesem Augenblick verschwand die Gestalt mit einem furchtbaren Kreischen.«

In der Sage von Heinrich Döring lebt der verwünschte Vogelsteller in den Teufelslöchern. Bereits 1319 werden diese das erste Mal urkundlich erwähnt. Damit zählen sie zu den ältesten nachgewiesenen Höhlen Deutschlands. Entstanden sind sie teilweise durch den Abbau von Gips und wurden im Laufe der Zeit durch die Kraft des Wassers erweitert. Der abgebaute Alabaster wurde um 1800 für das Residenzschloss in Weimar genutzt. Im Zweiten Weltkrieg dienten die Höhlen dann als Lager für Obst und Gemüse. Seit 1963 ist das gesamte Gelände als Flächennaturdenkmal unter Schutz gestellt. Hohen Bekanntheitsgrad haben die Teufelslöcher vor allem wegen der hier lebenden und teils vom Aussterben bedrohten Fledermausarten.

Das finstere und mysteriöse Höhlensystem lädt auch zum Phantasieren und Gruseln ein. Und um diese Teufelslöcher rankt sich die Sage des Vogelstellers. Ein jeder, der sich den Teufelslöchern nähert, soll ein lautes »Ha! Ha!« ausrufen und sich danach bekreuzigen. Sonst kommt der Vogelsteller und nimmt ihn mit in die Teufelslöcher. Und wer einmal in den Höhlen ist, der kommt nie wieder dort hinaus.

Neben verschiedenen informativen Büchern über die Teufelslöcher und der spannenden und furchterregenden Sage von Heinrich Döring lohnt auch der Kriminalroman »Teufelsloch« von Christoph Heiden. Hier werden die Teufelslöcher zum Schauplatz einer düsteren Kriminalgeschichte.

Adresse Wöllnitzer Straße 33, 07749 Jena-Kernberge | **ÖPNV** Tram 1, 4, 5, Haltestelle Jenertal | **Tipp** Am besten spaziert man von der Haltestelle Sportforum zur Haltestelle Jenertal. Das ist ein super Weg, um das ganze Areal zu erfassen und die unterschiedlichen Strukturen und Höhlen zu entdecken.

98 Die Todesmarsch-Gedenktafel

Damit sich die Geschichte nicht wiederholt

»Ausgemergelte Menschen, dünn, schwach, wie eine Viehherde angetrieben.« Beschäftigt man sich mit der Geschichte unserer Stadt, so ist auch der Zweite Weltkrieg ein wichtiger Teil davon. Sich an diese Zeiten zu erinnern und zu mahnen, ist ein Bestandteil der Erinnerungskultur und Voraussetzung, um Aufklärung zu gewährleisten. Geht man mit diesem Bewusstsein entlang der Camsdorfer Brücke, so steht man inmitten einer Teilstrecke des Todesmarschs vom April 1945.

Am 7. April 1945 startete ein Eisenbahntransport von Weimar mit bis zu 4.500 Häftlingen. Er sollte über Jena, Eisenberg, Krossen und Weida nach Leitmeritz im damaligen Protektorat Böhmen und Mähren fahren. Der Zug wurde bei Großschwabhausen von amerikanischen Flugzeugen angegriffen und beschädigt. 250 schwer bewaffnete SS-Männer trieben mit Hilfe der Jenaer Polizei und Volkssturm-Leuten Tausende Häftlinge durch die kalten Straßen. Anwohner haben dabei zugesehen, Vereinzelte wollten mit Wasser und Lebensmitteln helfen, wurden aber von den Wachleuten daran gehindert.

Der Zug schleppte sich durch die Erfurter Straße, überquerte die Camsdorfer Brücke und bewegte sich entlang der heutigen Karl-Liebknecht-Straße in Richtung Osten weiter. Kranke und entkräftete Häftlinge wurden auf der Straße vor den Augen zahlreicher Bürger Jenas erschossen und in ihrem Blut liegend zurückgelassen.

»Bis nach Wogau haben sie gelegen wie gesät«, schrieb ein Augenzeuge an einen Verwandten. Unzählbare Morde sind in diesen Tagen verübt wurden. Teilweise wurden flüchtige Häftlinge von Bewohnern denunziert.

Am Ende der Camsdorfer Brücke erinnert eine Gedenktafel an diese finstere Zeit, um zu mahnen, dass solche Tage nie wieder zurückkehren dürfen. »Zur Mahnung an den Todesmarsch der Häftlinge des KZ Buchenwald am 11. April 1945.

Adresse Karl-Liebknecht-Straße 56, 07749 Jena-Wenigenjena | **ÖPNV** Tram 2, 3, 33, Bus 14, Haltestelle Schlippenstraße | **Tipp** Jeder sollte sich diesen Ort anschauen, um auch über die finsteren Zeiten der Geschichte dieser Stadt Bescheid zu wissen und dazu beizutragen, ein Wiederholen unmöglich zu machen. Ein Grab für 14 unbekannte Häftlinge, die beim Todesmarsch ums Leben gekommen sind, ist auf dem Ostfriedhof zu finden.

99 Das Trebitz'sche Haus

Das Letzte seiner Art

Schlendert man durch die alte Innenstadt, vom Stadtzentrum an der St.-Michaels-Kirche vorbei Richtung Jena-Ost, befindet man sich auf der historischen und früh besiedelten Straße von Erfurt nach Altenburg. Wenn man sich nicht zu sehr von den köstlichen Gerüchen des anatolischen Restaurants »Köz«, des leckeren Kaffees im »Brandmarken« oder des Waffelladens »401« ablenken lässt, so kann man fast im Vorbeigehen ein kleines, sehr auffälliges dreiachsiges Haus entdecken. Grund genug, auf einer der Bänke beim Löwenbrunnen Platz zu nehmen und sich diese architektonische Rarität ein bisschen genauer anzusehen.

Entsprechend seiner Bauzeit um 1730 ist das Trebitz'sche Haus mit vielen Rokokoelementen verziert. Verkröpfte Gurtgesimse, flache Pilaster, aufgeputzte Faschen mit »Öhrchen« um die Fenster und Rocaillen in den Brüstungs- und Kapitell-Feldern sowie die auffällige farbige Fassade heben das Gebäude optisch stark von seinen Nachbarn ab. Sehr besonders ist auch das hohe, von einem Segmentgiebel geschlossene Zwerchhaus im Dachbereich des Gebäudes. Ähnliche historische Häuser mit spätbarocker Fassadendekoration wurden im Zweiten Weltkrieg zerstört oder fielen der sozialistischen Neugestaltung des Stadtzentrums um 1968 zum Opfer. Damit ist das Trebitz'sche Haus nach dem Abriss der Leutrastraße das letzte seiner Art in Jena. Abgesehen von der Umgestaltung des Erdgeschosses im 20. Jahrhundert ist die qualitativ hochwertige Fassade bauzeitlich erhalten. Im ersten Stock ist noch immer eine Stuckdecke zu bewundern, ansonsten sind im Gebäude ein Geschäft im Erdgeschoss und Mietwohnungen untergebracht. Benannt wurde das Haus nach dem Seifensiedermeister und Fabrikanten Hermann Trebitz, der es um 1881 besaß.

Das Trebitz'sche Haus ist ein wirklich besonderes Bauwerk im Jenaer Stadtbild, und die zentrale Lage lädt in jedem Fall zu einem Innehalten im Vorbeischlendern ein.

Adresse Saalstraße 5, 07743 Jena-Zentrum | **ÖPNV** Tram 5, 33, 35, Haltestelle Holzmarkt; Tram 1, 2, 3, 4, 34, Haltestelle Löbdergraben; Bus 10, 11, 12, 14, 15, 16, Haltestelle Teichgraben | **Tipp** Anatolische Spezialitäten gibt es im Restaurant »Köz« gleich nebenan. Auch wenn diese Küche vielleicht Neuland ist, probiert es aus!

100_Unserer lieben Frau

(K)ein Dach über dem Kopf

Eine beliebte Location für die kirchliche Trauung ist die Schillerkirche in Jena-Ost. Die kleine, aber prunkvolle und zugleich moderne Kirche verdankt ihren Namen natürlich Friedrich Schiller, der Charlotte hier am 22. Februar 1790 zur Frau nahm. Heute trägt die Kirche zwar den Rufnamen Schillerkirche, zu Zeiten seiner Hochzeit hieß sie allerdings noch einfach »Unserer lieben Frau«.

Wenn man sich nach der Trauung den unzähligen entstandenen Fotos widmet, fällt einem spätestens jetzt eine kleine Ungereimtheit an der sonst so stolzen kleinen Kirche auf. Das steinerne Portal, durch welches man hineingeht, endet plötzlich, und das fehlende Stück wird durch ein aufgesetztes Ziegeldach verdeckt. Der Grund für das unvollständige Portal könnte einfacher nicht sein – das Geld war alle.

Die Schillerkirche wurde im 14./15. Jahrhundert als Saalkirche an der Stelle eines Vorgängerbaus errichtet. Auffällig ist ihre bauliche Zweiteilung in ein Langhaus und einen Chor und natürlich auch das eigenwillige Dach über dem plötzlich endenden Portal. Im ersten Drittel des 15. Jahrhunderts sollten die Arbeiten am Chor beginnen. Die Bauarbeiten währten allerdings nur kurz, denn der Bau musste aus finanziellen Gründen gestoppt werden. Das Langhaus wurde erst Ende des 15. Jahrhunderts gebaut, wobei auch dieses Projekt aus gleichen Gründen gestoppt und erst Mitte des 16. Jahrhundert vollendet wurde. Zwar einfacher als geplant, aber immerhin. Der Chor wurde im 19. und 20. Jahrhundert restauriert und der gesamte Komplex in den Jahren 1977 und 2003 umfassend saniert.

Über 300 Jahre nach Erbauung schritt also der berühmte Namenspatron Friedrich Schiller mit seiner Frau Charlotte durch das unvollständige Portal der Kirche. Gerade noch rechtzeitig, denn er sagte einst, dass er entweder mit 30 geheiratet haben oder es nimmermehr tun werde. Mit 30 Jahren und 104 Tagen war es dann aber so weit.

Adresse Schlippenstraße 32, 07749 Jena-Wenigenjena | **ÖPNV** Tram 2, 3, 33, Bus 14, Haltestelle Schlippenstraße | **Öffnungszeiten** Besichtigungen der Kirche außerhalb der Gottesdienste können unter Tel. 03641/333268 mit Pastor I. Möller verabredet werden | **Tipp** Das Café Lenz bietet leckeres saisonales Essen sowie Kaffee und Kuchen aus der hauseigenen Bäckerei an. Vor allem am Wochenende sollte man reservieren (geöffnet Mi, Do 11–22 Uhr, Fr, Sa 11–23 Uhr und So 11–20 Uhr).

101 Die Villa am Paradies

Über 100 Jahre unterschiedliche Geschichten

Das »Afro Center« ist einigen älteren Jenaer Bürgern sicher noch ein Begriff. Seit Ende der 1990er Jahre gab es hier verschiedene afrikanische Kulturprojekte, Workshops, Musikveranstaltungen und Kooperationen mit Schulen zum Thema afrikanische Kultur. Auch an die gemütliche und sympathische Weihnachtsveranstaltung für Einsame können sich sicher noch einige erinnern. Das Gebäude selbst hat an Bekanntheitsgrad nicht verloren und ist heute als »Villa am Paradies« im Stadtbild zu finden.

1911 wurde die Jugendstilvilla direkt am heutigen Paradiesbahnhof erbaut. Mit dieser über 100-jährigen Geschichte ist das Gebäude eines der traditionsreichsten Jenas.

Damals wurde die Villa als Verbindungshaus der Studentenverbindung »Frankonia« genutzt, später dann als Institutsgebäude, als Kreisleitung der SED und als Vereinshaus. Seit 2011 finden in der »Villa am Paradies« verschiedene Veranstaltungen statt. Von Messen und Tanzabenden über Abschlussfeiern und Tagungen ist das Gebäude auch als Location für Hochzeiten zu mieten. Das historische Innere in Verbindung mit moderner Ausstattung macht die Säle mit der großen Terrasse zu einer einzigartigen Möglichkeit, mit einer großen Gesellschaft von über 100 Gästen zu feiern. Durch die Anbindung des Gebäudes an den Nahverkehr mit Bus und Bahn (Zug bis Paradiesbahnhof) kann man sehr flexibel anreisen. Parkmöglichkeiten sind rar gesät, aber Jenaer und Jenenser sind vertraut mit diesem Problem.

Für Hochzeitsgäste oder längere Veranstaltungen befindet sich seit 2011 das »Hotel am Paradies« im Gebäude. Die zehn Zimmer sind alle individuell eingerichtet und versprechen ein gemütliches Ambiente.

Ein Blick in die Villa lohnt in jedem Fall. Selten sieht man ein so geschichtsträchtiges Gebäude in altehrwürdigem Design mit solch moderner Ausstattung.

Adresse Knebelstraße 3, 07743 Jena-Zentrum | ÖPNV Tram 1, 2, 3, 4, 5, 34, 35, Haltestelle Paradiesbahnhof; Bus 10, 11, 12, 14, 15, 16, Haltestelle Teichgraben | Tipp Neben der Villa ist der Busbahnhof und dahinter die »Boulangerie und Patisserie Carlos P.« (geöffnet Mo–Fr 7–18 Uhr, Sa 7–13 Uhr). Hier gibt es allerhand Brot, Brötchen und Kuchen. Alles in der eigenen Bäckerei gebacken.

102 Die Villa Eucken

Die gemeinsame Lebenskraft aller Menschen

»... aufgrund des ernsten Suchens nach Wahrheit, der durchdringenden Gedankenkraft und des Weitblicks, der Wärme und Kraft der Darstellung, womit er in zahlreichen Arbeiten eine ideale Weltanschauung vertreten und entwickelt hat.« Mit diesen Worten erhielt der bedeutende Philosoph Rudolph Eucken 1908 den Nobelpreis für Literatur.

1874 war er für eine Professur nach Jena gekommen, wo er bis zu seinem Tod 1926 lebte. 1910 erwarb Eucken das Wohnhaus in der Botzstraße, welches 1897 vom Architekten Ludwig Hirsch entworfen wurde. Von diesem stammt auch die Prüssing-Villa der Zementfabrik in Jena-Göschwitz. Das Wohnhaus der Euckens galt von Anfang an als wichtiger Treffpunkt für Künstler und Gelehrte. Zu den Gästen zählten auch der Komponist Max Reger und Literaten wie Stefan George und Hugo von Hofmannsthal. Der Maler Ernst Ludwig Kirchner schrieb einst über den Aufenthalt: »Für mich ist der freiheitliche Geist des Hauses Eucken ... eine schönste Erinnerung. Dieser Geist ist der stärkste Schutz der akademischen Freiheit in Jena.«

Eucken arbeitete an einer Philosophie der »idealen Weltanschauung«. Nicht das Individuum selbst steht im Mittelpunkt, sondern die Lebenskraft aller Menschen soll gemeinsam aktiviert werden. Das macht Eucken zum Initiator der neuidealistischen Bewegung. Zu seinem 70. Geburtstag am 5. Januar 1916 wurde er zum Ehrenbürger der Stadt Jena ernannt. Eucken habe in seinen 41 Jahren an der Universität »als Zierde der Hochschule zum Ruhme der Stadt« beigetragen, hieß es in der Begründung. Auch sein Sohn, Walter Eucken, lebte in der Villa. Später als deutscher Ökonom bekannt, stand er Modell für das Gemälde »Auszug der Jenenser Studenten in den Befreiungskrieg 1813« von Ferdinand Hodler, welches in der Aula der Universität zu finden ist.

Nach 1928 wurde das Rudolph-Eucken-Haus zur Betreuung ausländischer Wissenschaftler und Studenten genutzt.

Adresse Botzstraße 5, 07743 Jena-West | ÖPNV Bus 16, Haltestelle Humboldtstraße | Öffnungszeiten nur von außen zu besichtigen | Tipp Von hier aus ist es nur eine kleine »Wanderung« von 500 Metern zum Landgrafen. Dort hat man ebenso einen phantastischen Ausblick auf das Stadtzentrum.

103 Das Volksbad

Ohne Chlor in der Nase und Spindschlüssel am Fuß

Durch das junge Stadtbild der Studentenstadt Jena ist die Dichte an interessanten Veranstaltungen sehr hoch. Dabei könnte die Verschiedenheit der Locations kaum größer sein: alte Bahnhofsgebäude, ein Park oder eine unterirdische Gewölbedisco. Eine Location sticht jedoch besonders hervor: das Volksbad.

Zwischen 1907 und 1909 wurde das altehrwürdige Jenaer Hallenbad beim Paradiesbahnhof im Stadtzentrum erbaut. Die Fassade besteht aus heimischem Kalkstein. Das Volksbad war neben dem Schwimmbecken auch mit Brause- und Medizinbädern, Wäscherei und einem Restaurant ausgestattet. Nach den Umbauten zwischen 1983 und 1987, bei denen die originale Ausstattung nur noch teilweise übrig blieb, konnte der Betrieb erst nach zehn Jahren Pause wieder aufgenommen werden. 2001 wurde das Volksbad dann endgültig geschlossen. 2007 entschied man, das Gebäude als Domizil des städtischen Eigenbetriebs »JenaKultur« zu nutzen. Seit der Wiedereröffnung am 30. November 2007 finden im Volksbad bis heute Konzerte, Kongresse und Messen statt.

Außerdem gibt es regelmäßig kleinere Veranstaltungen wie das jährliche Cellu l'art Filmfestival. Seit 2000 kommen jeden April Künstler, Ausrichter, Presse und interessierte Zuschauer zusammen, um sich an dieser beliebten Kunstform zu erfreuen. Nach stets wechselnden Locations, vom Hörsaal bis zum Uniturm, findet das größte Kurzfilmfestival in Thüringen seit 2014 im umgebauten Volksbad statt. Inzwischen ist es international besetzt, konnte sogar schon Oscarpreisträger im Programm aufführen. Seit 2004 wird jedes Jahr der Schwerpunkt auf die Kurzfilmkultur eines anderen Landes gelegt.

Trotz der Kehrtwende im Nutzen des Gebäudes wurde viel Wert darauf gelegt, dass das Volksbad weiterhin als solches erkennbar ist. Das Ambiente im alten Hallenbad ist sehr besonders, und das nicht nur für Gäste, die das Gebäude im Urzustand kennen.

Adresse Knebelstraße 10, 07743 Jena-Zentrum | **ÖPNV** Tram 1, 2, 3, 4, 5, 34, 35, Haltestelle Paradiesbahnhof; Bus 10, 11, 12, 14, 15, 16, Haltestelle Teichgraben | **Öffnungszeiten** Veranstaltungen unter www.volksbad-jena.de, Infos zum Kurzfilmfestival gibt es unter https://cellulart.de | **Tipp** Direkt gegenüber führt ein kleiner Tunnel unter dem Paradiesbahnhof durch. Dahinter liegt der Paradiespark mit der Strandbar 22 und mit Sissy, dem Schwanentretboot.

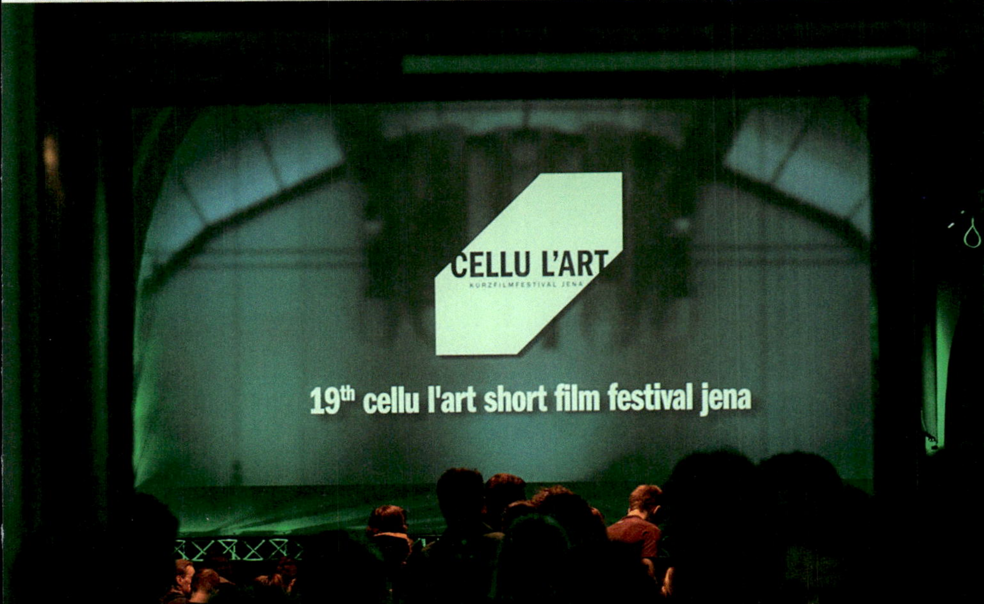

104 Der Waldpfad »Schlauer UX«

Mit UX und Lyn in die Natur

»Habt ihr Lust auf eine kleine Tour durch den Wald? Wollt ihr sehen, wo ich wohne, welche anderen Tiere es im schönen Jenaer Wald gibt, welche Pflanzen hier wachsen und was es noch so Interessantes gibt? Also, wollen wir? Na dann los, schnappt euch eure Eltern, Großeltern, Freunde, Lehrer und auf zum Waldpfad Schlauer UX auf den Jenaer Forst!«

Seit 2007 gibt es den Waldpfad Schlauer UX in Jena. Er ist ein Projekt der Stadtforstverwaltung und der überbetrieblichen Ausbildungsgesellschaft ÜAG Jena. Beginnend beim 1909 errichteten Bismarckturm, der mit seiner Aussichtsplattform einen wunderbaren Blick bietet, nehmen Klein UX und seine Mutter Lyn, zwei aufgeweckte Füchse, vor allem Familien und Schulklassen, aber auch alle anderen Interessierten und Naturbegeisterten mit auf eine kleine Wanderung bis zum Otto-Schott-Platz. 18 Stationen warten auf dem vier Kilometer langen Pfad, der vor allem für Kinder eingerichtet wurde: Steinbruch, Stern, Wildschweine, Jagd, Fuchsbau, Baumkronenblick, historische Waldnutzung, Barfuß-Pfad, Lesesteinhaufen, Totholz, Vögel im Wald, Baumarten, Märchen, Pilze, historischer Waldwegebau, Wildwechsel, Frühblüher, Greifvögel und Grenzsteine sind die Titel der Stationen. Kleine Wanderer erhalten stets wissenswerte Informationen zu Flora und Fauna des Jenaer Waldes. Wie setzt sich ein Steinbruch zusammen? Warum fühlen sich Wildschweine im Dreck so wohl? Wie sieht ein Fuchsbau aus? Was ist Totholz? Und welcher Vogel singt da so schön? Hier bekommen sogar die erwachsenen Begleiter eine anschauliche Lehrstunde.

Der Pfad lädt Groß und Klein dazu ein, interaktiv und spielerisch in der Natur zu lernen. Schulen und pädagogische Einrichtungen nutzen das Angebot, und auch der jährliche Familienwandertag findet auf dem Waldpfad »Schlauer UX« statt.

Adresse Bismarckturm, 07745 Jena-Süd | **ÖPNV** Bus 14, Haltestelle Katharinenstraße | **Tipp** Es gibt verschiedene Wanderwege, um zum Bismarckturm zu gelangen. Aus dem Stadtzentrum, vom Friedensberg oder sogar vom Haeckelstein aus kommend. Vom Otto-Schott-Platz aus kann man dann nach Lichtenhain wandern und dort (nach einem Besuch in der Nikolaikirche) in den Bus steigen.

105 Die Wall of Fame

400 Meter Kunst

Kunst und Vandalismus liegen wahrscheinlich nirgendwo so nah beieinander wie bei der Street-Art-Form Graffiti. Bei manch verbotenem Werk kann man nur über die Qualität staunen, und so ist es doch sehr ärgerlich, wenn diese Künstler unbekannt bleiben, da einfach die richtige Plattform fehlt. Als Hall oder Wall of Fame werden Plätze und Wandflächen bezeichnet, an denen sich verschiedene Graffiti-Künstler treffen, um ihrer Kunst einen Raum zu geben, oft auch zu einem gemeinsamen Thema. In den meisten Fällen sind diese Flächen vom jeweiligen Eigentümer zum Besprühen freigegeben. Eine der bekanntesten dieser Wände ist die Berliner Mauer, insbesondere die East Side Gallery. An solchen Orten gelten verschiedene ungeschriebene Regeln. Die Künstler achten auf einen respektvollen Umgang untereinander und mit der Umwelt. Es werden kein Müll und vor allem keine Farbdosen zurückgelassen. Unfertige oder noch nicht fotografierte Werke werden nicht übermalt. Oft gibt es zudem Vorgaben der jeweiligen Besitzer der Fläche.

Auch in Jena gibt es eine solche Plattform mit einem besonderen Titel. Die größte innerstädtische und zusammenhängende Wall of Fame Ostdeutschlands befindet sich auf über 400 Meter Länge hinter der Goethe Galerie entlang der Leutra. 2002 wurde auf Initiative von Künstlern der örtlichen Szene mit dem Klinikum, welches direkt angrenzt, vertraglich vereinbart, dass diese Fläche besprüht werden darf. Seitdem kann man sich hier bei einem kleinen Spaziergang die ständig wechselnden Kunstwerke ansehen. Die Lage nahe dem Stadtzentrum bietet den Koryphäen eine tolle Plattform und damit eine Möglichkeit der Präsentation. Zwischen Wohngebieten, Schulen, Kindergärten und Einkaufszentrum könnte das Publikum diverser kaum sein.

Wenn man Glück hat, kann man die Werke sogar beim Entstehen beobachten. Das lohnt sich, denn Schmierereien sind es keinesfalls, sondern wahrhaftige Kunst.

Adresse Carl-Zeiss-Platz 5, 07743 Jena-West | **ÖPNV** Tram 5, 33, 35, Haltestelle Ernst-Abbe-Platz; Bus 14, Haltestelle Volkshaus | **Tipp** Auf www.jenagraffiti.com kann man die inzwischen unzähligen Bilder der letzten Jahre ansehen. Es ist beeindruckend, wie viele Werke sich hier bereits angesammelt haben. Diese Dokumentation ist auch ein Zeitzeuge über die Jahre der Popkultur. – Bei Agent Cooper gibt es tolle und stilvolle Kleidung (geöffnet Mo – Fr 11 – 19 Uhr, Sa 10 – 19 Uhr).

106 Der Wendelstein

Die Fabel vom Wohnraum in Jena

Am 19. März 1548 wurde das akademische Gymnasium in Jena eröffnet, welches fast zehn Jahre später durch die kaiserliche Stiftungsurkunde vom 15. August 1557 zur Universität erhoben wurde. Am Collegium Jenense, mit den angesiedelten Fakultäten der Theologie, Jura, Medizin und Philosophie, konnten nun alle akademischen Grade vom Magister bis zum Doktor verliehen werden. Das war eine hohe Stellung für die frisch reformierte Stadt Jena, die eine neue Verantwortung mit sich brachte: Viele Studenten bedeuteten, dass der Bedarf an bezahlbarem Wohnraum wuchs. Die Gefahr war groß, dass bei teuren Mieten andere Städte als Bildungsort bevorzugt werden würden.

Mit den Hallen des 1286 gegründeten dominikanischen Klosters St. Pauli hatte man anscheinend einen passenden Ort für Wohnräume gefunden. Nach der Reformation mussten die Mönche um 1525 das Kloster verlassen und nach Leipzig gehen. Das infolgedessen leer stehende Gebäude war bestens geeignet. In den Jahren 1557 bis 1559 wurden in die sakralen Mauern drei Zwischendecken eingezogen. Es entstanden so elf beheizbare Studierzimmer und nicht beheizbare Schlafkammern. Um von einem Stockwerk ins nächste zu kommen, wurde der noch heute erhaltene Turm errichtet. Wegen seiner geschwungenen Treppen erhielt er schnell den Beinamen Wendelstein.

Am Palmsonntag 1559 übergab man den fertiggestellten Bau zur Nutzung. Die Studenten konnten ihre Zimmer beziehen und in der ehemaligen Kirche ihre Studien aufnehmen. Neben den Wohnräumen befanden sich auch Vorlesungsräume im Gebäude. Viele Geschichten von Studenten kann der Turm aber nicht erzählen, denn bereits 1592 mussten sie wieder ausziehen, die Zwischendecken wurden entfernt und das Gebäude wieder zur Kirche umfunktioniert. Nach den Bombenangriffen 1945 blieb leider nichts mehr von der Kirche übrig, abgesehen vom Wendelstein.

Adresse Kollegiengasse 10, 07743 Jena-Zentrum | ÖPNV Tram 5, 33, 35, Haltestelle Ernst-Abbe-Platz; Bus 10, 11, 12, 14, 15, 16, Haltestelle Teichgraben | Tipp Der 1988 gegründete und international erfolgreiche Gospelchor »Jena Jubilee Singers« gibt hier jährlich im Sommer ein beeindruckendes Konzert.

107 Das Wenigenjenaer Ufer

Wo es sich romantisch picknicken lässt

Schaut man sich Jena einmal von oben an, entweder von einem der zahlreichen Aussichtspunkte oder aber zu Hause über eine Karten-App mit Satellitenbildern, dann wird schnell klar, dass wir uns wirklich im sogenannten grünen Herzen Deutschlands befinden. Natürlich hat Jena zahlreiche Wohngebiete, Einkaufszentren und Stadtviertel für Produktion und Wirtschaft. Aber es ist schon beinahe schwierig, einen Fleck zu finden, der nicht »grün« ist. Unsere Stadt bietet zahlreiche Möglichkeiten, den Alltagsstress für kurze oder lange Momente zu vergessen. Ob zu Fuß, mit dem Fahrrad, dem Zug, der Straßenbahn, dem Bus oder dem Auto, in Jena ist es absolut kein Problem, binnen kürzester Zeit aus dem Großstadtflair hinaus in die Natur zu kommen.

Bei einem schönen Spaziergang durch das »Paradies« nahe der Camsdorfer Brücke findet man einen eigenartigen Stein. Dieser Buttenstein wurde im Mittelalter genutzt, um den Wäschekorb darauf abzustellen und so das ständige Bücken zu verhindern. Er ist durch seine Maserung ein Zeitzeuge der vielen Hochwasser der vergangenen Jahrhunderte.

Den Besuch kann man ganz wunderbar mit einem ausgiebigen Picknick am Saaleufer in Jena-Ost ausklingen lassen. Ob allein, mit den Liebsten oder guten Freunden: Mit dem Picknickkorb, einer Decke und allerhand Leckereien kann man sich am Wenigenjenaer Ufer einen schönen Platz suchen, um mit Musik und einem Gläschen Wein den Nachmittag zum Abend werden zu lassen. Da dieser romantische Fleck Jenas in den letzten Jahren stets an Beliebtheit gewonnen hat, muss man gerade in den warmen Sommermonaten ein bisschen Zeit einplanen, bis man einen geeigneten Platz gefunden hat. Aber die Geduld zahlt sich aus. Wird die Luft am Wenigenjenaer Ufer dann zum Abend hin kühler, kann man mit einem leckeren Tee den Sonnenuntergang genießen und dabei die eingefärbte Skyline Jenas betrachten.

Adresse vom Zentrum aus links hinter der Camsdorfer Brücke am Saaleufer, Wenigenjenaer Ufer 4b, 07749 Jena-Wenigenjena | ÖPNV Tram 2, 3, 33, Haltestelle Geschwister-Scholl-Straße; Bus 14, Haltestelle Schlippenstraße | Tipp Wer keine Lust auf Picknick hat, kann einen Blick in das vegane Bistrorante »deVinos« werfen (geöffnet Mi 12–18 Uhr, Do 12–20 Uhr, Fr 12–22 Uhr, Sa 15–22 Uhr).

108 Der Zick-Zack-Weg

Pause machen auf den 59 Bänken des Jenzigs

Einmal einen höchsten Berg erklimmen, das steht sicher auf den Löffellisten vieler Menschen. In Jena bleibt einem da nur der Jenzig. Eine hauseigene Flagge zum Hissen braucht man aber nicht mit hinaufzunehmen, denn man ist wahrlich nicht der Erste, der diesen Berg erklimmt. Aber das macht auch gar nichts, denn hier ist der Weg das Ziel.

Einer dieser Wege ist der sogenannte »Zick-Zack-Weg«. Bereits 1905 angelegt, misst er von der Straßenbahnhaltestelle »Am Jenzig« circa 2,1 Kilometer bis zum Jenzighaus. Auf diesem Weg kommt man an zahlreichen Wanderbänken vorbei. Die Jenziggesellschaft, welche sich der Aufgabe gestellt hat, den Berg mit seinen Wanderwegen und Ruhebänken zu pflegen und die Kulturlandschaft der Region mit eigenen Beiträgen zu bereichern, listet die inzwischen 59 Bänke auf. Von rustikalen wie der »Grottenbank« (Nummer 01) bis zu Bänken in knalligen Farben wie der feuerroten Nummer 09 »Sani« sind einige Bänke namenlos, andere benannt nach ihren Stiftern. Nummer 09 wurde gestiftet von Familie Vogt »für ihre Mutter und Omi zum Geburtstag als Zwischenstation auf ihren häufigen Spaziergängen auf den Jenzig«. So stecken hinter vielen dieser Bänke schöne kleine Geschichten.

Es ist wunderbar, dass es Jenziger gibt, die sich dem Zustand der Wege und Bänke und dem Gesamtbild des Berges widmen. Neun Personen gründeten den bis heute wirkenden Verein am 9. Mai 1903.

Auf ungefähr der Hälfte des »Zick-Zack-Weges« sticht eine Bank besonders hervor. Weniger wegen einer auffälligen Farbe, sondern eher wegen dem Gedicht auf der kleinen Tafel: »Entdeckt ihr die Schönheit der Natur, genießt die Ruhe ohne Blick zur Uhr. Ihr seid auf dem Jenzig willkommener Gast, nutzt diese Bank zur erholsamen Rast. Der Moment wird euch die Liebe schenken, von denen, die immer gern an euch denken.« Gestiftet wurde diese Bank 2017 von Marion und Roland Fiedler.

Adresse Am Jenzig 99, 07749 Jena-Wenigenjena | ÖPNV Tram 2, 3, 33, Haltestelle Jenzigweg, von da heißt es wandern (circa 2,1 Kilometer) | Tipp Eine weitere besondere Bank steht auf der anderen Seite des Tals. Beim Hausberg, auf dem Weg zum Fuchsturm, hat das erfolgreiche Jenaer Gesangsensemble »Octavians« im Jahr 2018 eine eigene Wanderbank gestiftet.

109 Die Ziegenhainer Hausbrauerei

Auf den Spuren des alten Bierdorfs

Ohne einen fahrbaren Untersatz ist das kleine innerstädtische Dörfchen Ziegenhain tatsächlich nicht besonders einfach zu erreichen. Der Bus mit der Nummer 16 fährt nur bis knapp vor die Pforten, ein Spaziergang durch das Ziegenhainer Tal führt recht gemütlich zur kleinen Gemeinde. Schlendert man durch Ziegenhain, kommt es einem ein bisschen so vor, als wäre man in einer völlig anderen Gegend. Von Großstadtfeeling kaum mehr eine Spur. Es ist still wie auf dem Land, der Hahn kräht, die Kirchenglocke läutet, und die spazierenden Ziegenhainer grüßen freundlich. Und es gibt noch einige Gründe, das Zentrum Jenas zu verlassen und einen Blick nach Ziegenhain zu werfen. Einer davon ist in jedem Fall die Ziegenhainer Hausbrauerei.

Mit durchschnittlich über 100 Litern pro Kopf im Jahr ist Deutschland Europas Silbermedaille im Bierkonsum sicher. Nur die Tschechen trinken noch mehr. Natürlich hat auch Jena sein Zentrum für Bier beziehungsweise hatte – und hat wieder. Nicht ohne Grund trägt Ziegenhain den charmanten Titel »Bierdorf«. Im 18. und 19. Jahrhundert hatte hier jedes Haus das Braurecht. Da ist es nur logisch, dass im Laufe der Zeit zahlreiche Brauerei-Betriebe und Gasthäuser entstanden. Mitte des 20. Jahrhunderts schloss jedoch das letzte Brauhaus, und damit verlor das »Bierdorf« über eine lange Zeit seine Tradition.

Die kleine Ziegenhainer Hausbrauerei knüpft an ebendiese vergangene Tradition wieder an. In der Edelhofgasse 20 entstehen handwerklich gebraute Biere, die die alten traditionellen Rezepte mit neuen Ideen verbinden. Regelmäßige Bierseminare und Verkostungen, die zahlreiche interessante Biere aus der ganzen Welt vorstellen, lassen Ziegenhain wieder zum Bierdorf aufleben. Wer selbst zum heimischen Bierbrauer werden will, der kann sich in der Edelhofgasse das grundlegende Wissen aneignen.

Adresse Edelhofgasse 20, 07749 Jena-Ziegenhain | **ÖPNV** Bus 16, Haltestelle Ziegenhainer Tal | **Öffnungszeiten** auf Anfrage, Tel. 0176/63079951 | **Tipp** Wer etwas Leckeres essen und dabei noch einen phantastischen Ausblick über die Stadt genießen möchte, sollte einen kleinen Spaziergang (oder eine kleine Spazierfahrt) zur Wilhelmshöhe wagen (geöffnet Mi–Fr 17–23 Uhr, Sa, So 12–23 Uhr).

110 Das Zisterzienserinnenkloster

Das Tun und Treiben der Zisterzienserinnen

Die Jenaer Stadtkirche St. Michael ist ein prächtiges Gebäude. Schon das Brautportal an der Südseite beeindruckt, und die »Ara«, der Altardurchgang unter dem Chor an der Ostseite, ist eine architektonische Besonderheit und gehört zu den Sieben Wundern Jenas. Doch auch die Nordseite kann man sich einmal genauer anschauen. Diese kommt zwar weniger imposant daher, zu entdecken gibt es hier aber einen kleinen Abschnitt mit roten Ziegeln an der weißen Wand. Ein Durchgang in knapp sechs Meter Höhe. Doch wie kommt man dort hoch? Und wieso ist er zugemauert?

In Jena wurde 1301 ein Frauenkloster der Zisterzienserinnen gegründet. Dessen Bau schloss sich nördlich an die Kirche St. Michael an, welche erst über 100 Jahre später vollendet wurde. Die Nonnen lebten zurückgezogen und abgeschieden vom Volk. So war es undenkbar, dass sie den gleichen Zugang benutzten wie die anderen Kirchenbesucher. Ein überdachter Gang auf der Rückseite, der Nordseite, führte durch den heute vermauerten Zugang direkt zur Empore der Kirche. Hier konnten die Schwestern, vom Volk unbehelligt, zum Beichterker im nördlichen Seitenschiff gelangen und 25 Meter über dem Altar von ihrem Balkon aus beten und die Messfeiern verfolgen.

Diese Abgeschiedenheit wurde den Damen aber mit der Zeit offenbar etwas lästig. So verließen die Nonnen häufig für kurze oder längere Zeit das Kloster. Auch die Speisengebote wurden immer lockerer gesehen. 1492 schließlich wurde das Kloster mit dem Kirchenbann belegt, und Geistliche mussten die Schwestern wieder zurück auf den rechten Pfad rücken. Als dann die Reformation kam, hatte es sich ausgeklostert. Die Zisterzienserinnen in Jena wurden aufgelöst, aus der katholischen wurde eine protestantische Kirche, und der Zugang wurde nutzlos und mit roten Sandsteinquadern zugemauert. Warum rot? Vielleicht, damit wir uns jetzt darüber wundern und das Kloster nicht vergessen.

Adresse Kirchplatz 1, 07743 Jena-Zentrum | ÖPNV Tram 5, 33, 35, Haltestelle Holzmarkt; Tram 1, 2, 3, 4, 34, Haltestelle Löbdergraben; Bus 10, 11, 12, 14, 15, 16, Haltestelle Teichgraben | Tipp Zahlreiche interessante Konzerte finden das ganze Jahr über in der imposanten Kirche statt. Fernab dieser Veranstaltungen lohnt sich ein Besuch ebenfalls. Der 75 Meter hohe Kirchturm ist auf Anfrage zu besteigen.

111 Zwei Boxer, sich balgend

Von der Anziehungskraft der Körperspannung

Spielplätze und Grünflächen zum Spazieren und Ausruhen sind in Jena vor allem fern der Straßen zwischen Häuserblöcken zu finden. Manchmal ist es sehr überraschend, wie viele Sonnenstunden so ein »grünes Atrium« am Tag einfangen kann.

Hier lohnt es sich, wenn man Zeit und Lust hat, kleinere Strecken mal nicht mit Auto, Bus oder Bahn zurückzulegen, sondern lieber über die besagten Wege zwischen den Blöcken zu spazieren, um auch das ein oder andere Kunstwerk im öffentlichen Raum betrachten zu können.

Was aus der Ferne aussieht wie ein Donut aus dunkler Schokolade, entpuppt sich beim näheren Hinsehen als etwas völlig anderes: »Zwei Boxer, sich balgend« heißt die Plastik des Rostocker Künstlers Jo Jastram, der sich vielfach mit Tierplastiken beschäftigt hat. Er entwarf die Gruppe für das Vielfigurenensemble »Brunnen der Lebensfreude« auf dem Universitätsplatz in Rostock. Der identische Jenaer Abguss zeigt zwei Hunde der Rasse Boxer in einem dynamischen Kampf. Beide Körper sind in völliger Spannung und oben und unten miteinander verbunden. Die kreisrunde Form unterstützt die Dynamik der Szene, welche sich erst beim genaueren Hinsehen durch ihre Details erklärt. Denn mitnichten scheint der Kampf hier ausgeglichen zu sein. Einer der beiden Boxer ist dem anderen unterlegen. Das Gesicht voll Furcht stemmt er seine Hinterpfoten gegen das Becken seines Kontrahenten. Die Vorderpfoten können den Oberkörper des anderen nicht mehr halten. Der überlegene Hund setzt zum Biss in den Hals des anderen an. Die Muskeln der beiden Tiere treten hervor, und das Adrenalin zeichnet die Gesichter.

Laut dem Künstler steht die Form der 1985 entstandenen Gruppe für das pralle Leben. Eine faszinierende Plastik, die zeigt, was für eine Schönheit aus der Anspannung eines Körpers hervorgehen kann.

Adresse Salvador-Allende-Platz 10, 07747 Jena-Neulobeda | ÖPNV Tram 3, 5, 34, 35, Haltestelle Universitätsklinikum | Tipp Man kann von hier aus direkt weiter stadtauswärts laufen. Der Weg zwischen Wald und Lärmschutzwall klingt nicht besonders attraktiv, ist aber überraschend schön. Vor allem zum Joggen oder Gassigehen mit dem Hund hat man hier eine schöne Route.

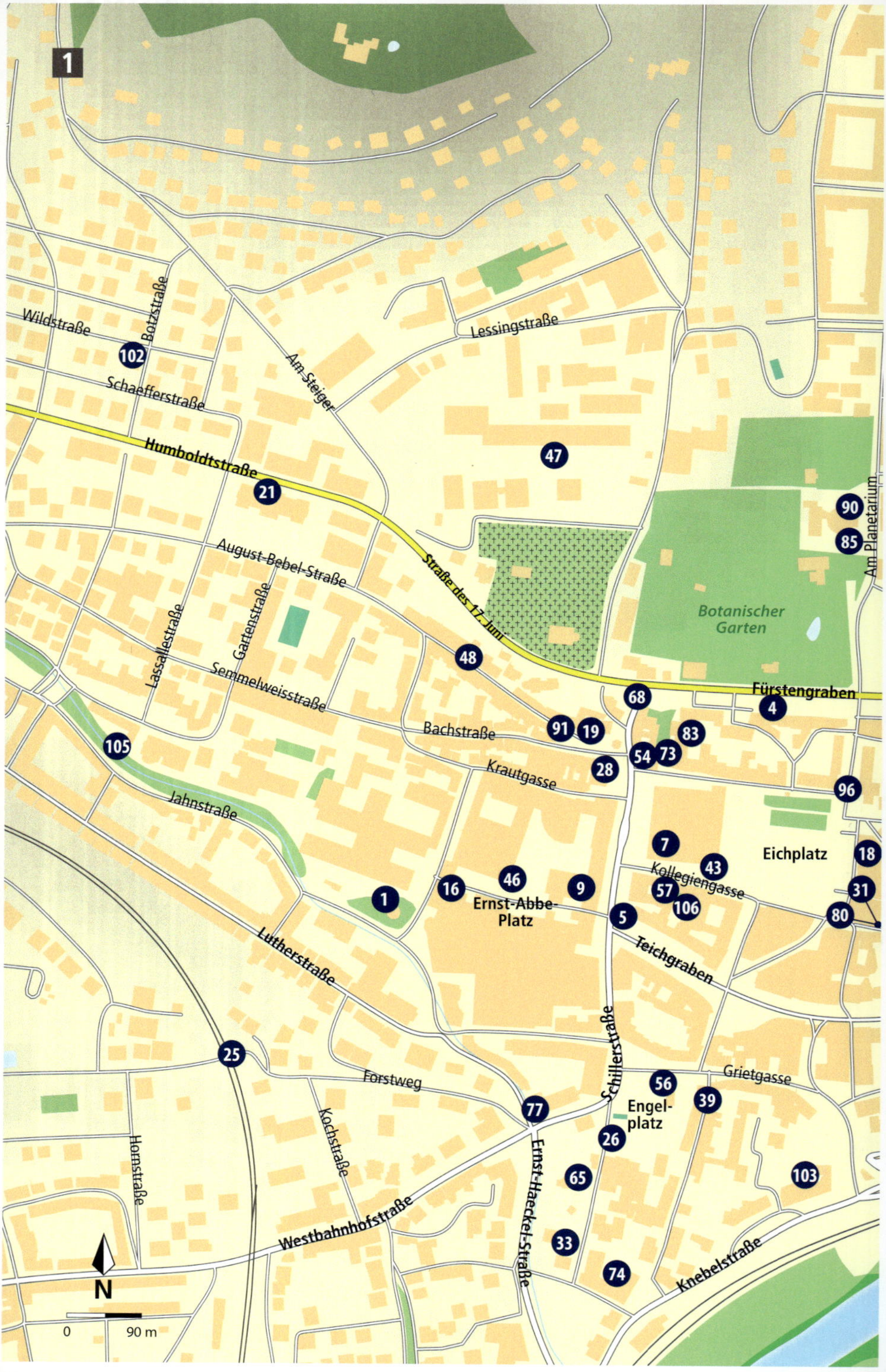

1
Wildstraße
Botzstraße
102
Schaefferstraße
Am Steiger
Lessingstraße
Humboldtstraße
21
47
Am Planetarium
90
85
August-Bebel-Straße
Straße des 17. Juni
Botanischer Garten
Gartenstraße
Lassallestraße
48
Semmelweisstraße
68
Fürstengraben
4
91
19
Bachstraße
83
54
73
105
28
Krautgasse
96
Jahnstraße
7
Eichplatz
18
43
Kollegiengasse
16
46
9
57
31
1
Ernst-Abbe-Platz
106
5
80
Lutherstraße
Teichgraben
Schillerstraße
25
Forstweg
56
Grietgasse
39
77
Engelplatz
Kochstraße
26
Ernst-Haeckel-Straße
Hornstraße
65
103
Westbahnhofstraße
33
N
74
Knebelstraße
0
90 m

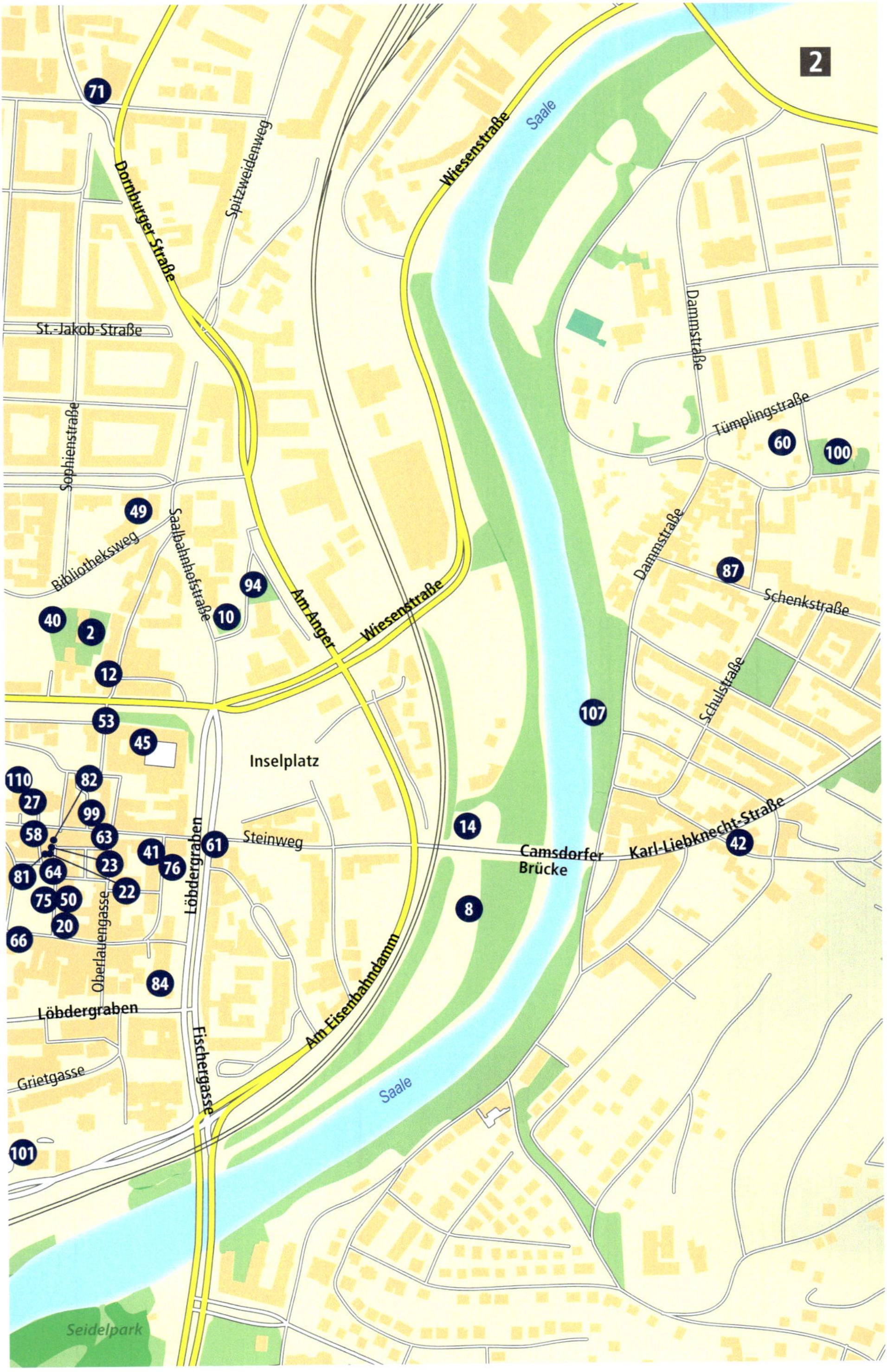

2
Saale
Wiesenstraße
Dornburger Straße
Spitzweidenweg
St.-Jakob-Straße
Sophienstraße
Saalbahnhofstraße
Bibliotheksweg
Am Anger
Wiesenstraße
Dammstraße
Tümplingstraße
Dammstraße
Schenkstraße
Schulstraße
Inselplatz
Steinweg
Löbdergraben
Camsdorfer Brücke
Karl-Liebknecht-Straße
Oberlauengasse
Löbdergraben
Am Eisenbahndamm
Fischergasse
Grietgasse
Saale
Seidelpark
71
49
94
10
40
2
12
53
45
110
82
27
99
58
63
41
76
61
23
81
64
22
75
50
20
66
84
101
14
8
107
60
100
87
42

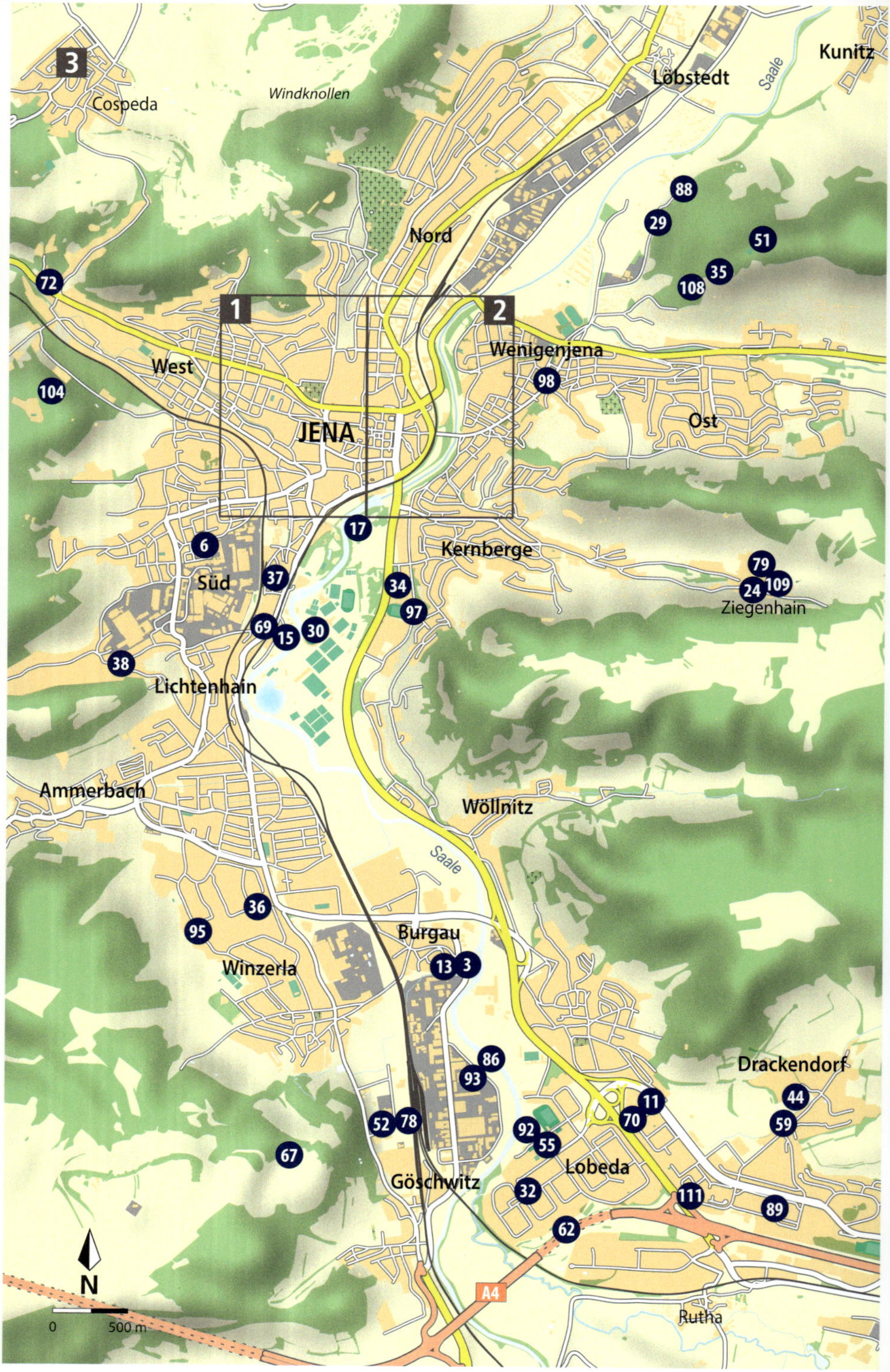

3
Cospeda
Windknollen
Löbstedt
Kunitz
Saale
Nord
88
29
51
35
108
72
1
2
Wenigenjena
West
104
98
JENA
Ost
17
6
Kernberge
37
Süd
34
97
79
24
109
Ziegenhain
69
15
30
38
Lichtenhain
Ammerbach
Wöllnitz
Saale
36
95
Burgau
13
3
Winzerla
86
93
Drackendorf
11
44
70
59
52
78
92
55
67
Lobeda
Göschwitz
32
111
89
62
N
A4
0
500 m
Rutha

Ulf Annel, Juliane Annel
111 Orte an der Unstrut, die man gesehen haben muss
ISBN 978-3-7408-0347-6

Tim Frühling, Christine Frühling
111 Orte in Osthessen und in der Rhön, die man gesehen haben muss
ISBN 978-3-7408-0127-4

Kirsten Elsner-Schichor
111 Orte im Harz, die man gesehen haben muss
ISBN 978-3-7408-0121-2

Oliver Ultsch, Pia Ultsch
111 Orte in und um Coburg, die man gesehen haben muss
ISBN 978-3-95451-923-1

Ulf Annel, Juliane Annel
111 Orte in und um Erfurt, die man gesehen haben muss
ISBN 978-3-95451-913-2

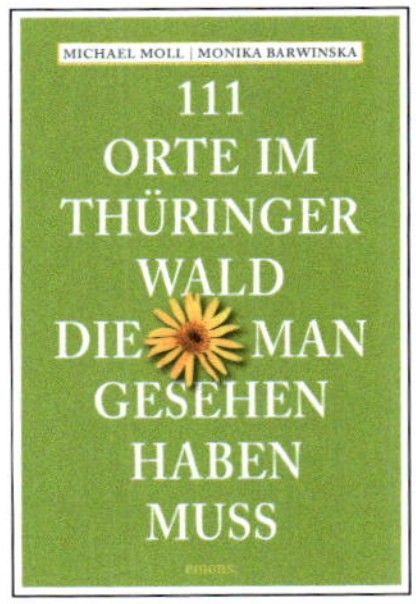

Michael Moll, Monika Barwinska
111 Orte im Thüringer Wald, die man gesehen haben muss
ISBN 978-3-95451-515-8

Ulf Annel, Juliane Annel
111 Orte in und um Weimar, die man gesehen haben muss
ISBN 978-3-95451-201-0

Ulf Annel, Juliane Annel
111 Orte in Erfurt, die man gesehen haben muss
ISBN 978-3-95451-022-1

Oliver Schröter
111 Orte in Sachsen, die man gesehen haben muss
ISBN 978-3-95451-021-4

Oliver Schröter
111 Orte in Leipzig, die man gesehen haben muss
ISBN 978-3-89705-910-8

Gabriele Kalmbach
111 Orte in Dresden, die man gesehen haben muss
ISBN 978-3-89705-909-2

René Förder
111 Orte in Sachsen-Anhalt die man gesehen haben muss
ISBN 978-3-89705-911-5

Dorothee Fleischmann
111 Orte im Taunus, die man gesehen haben muss
ISBN 978-3-7408-0126-7

Sonja Morawietz,
Hartmut Heinemann
111 Orte in Darmstadt, die man gesehen haben muss
ISBN 978-3-95451-920-0

HP Mayer
111 Orte im Rheingau, die man gesehen haben muss
ISBN 978-3-95451-918-7

Dietmar Hoos, Susanne Hoos
111 Orte in Kassel, die man gesehen haben muss
ISBN 978-3-95451-854-8

Eva Wodarz-Eichner
111 Orte in Wiesbaden, die man gesehen haben muss
ISBN 978-3-95451-670-4

Rike Wolf, Tom Wolf
111 Orte in Frankfurt, die man gesehen haben muss
ISBN 978-3-95451-342-0

Christina Marx, Ingrid Schick
111 Orte im Vogelsberg und in der Wetterau, die man gesehen haben muss
ISBN 978-3-95451-227-0

Gertrud Steiger, Joachim Steiger
111 Orte im Odenwald, Spessart und an der Bergstraße, die man gesehen haben muss
ISBN 978-3-89705-945-0

Bernd Schinner, René Rabenbauer
111 Orte im Fichtelgebirge, die man gesehen haben muss
ISBN 978-3-7408-0405-3

Eva Krötz
111 Orte im Oberpfälzer Wald, die man gesehen haben muss
ISBN 978-3-7408-0331-5

Sabine Becht, Sven Talaron
111 Orte in und um Bamberg, die man gesehen haben muss
ISBN 978-3-95451-706-0

Reiner Vogel, Maximilian Raab
111 Orte in Niederbayern, die man gesehen haben muss
ISBN 978-3-95451-539-4

Kerstin Söder
111 Orte im Fränkischen Seenland, die man gesehen haben muss
ISBN 978-3-95451-492-2

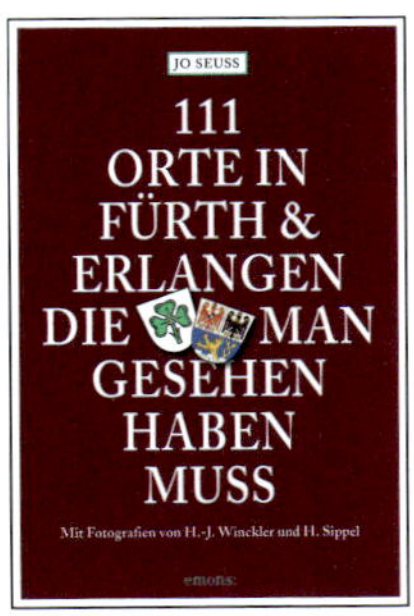

Jo Seuß
111 Orte in Fürth und Erlangen, die man gesehen haben muss
ISBN 978-3-95451-416-8

Bernd Flessner
111 Orte in der Oberpfalz, die man gesehen haben muss
ISBN 978-3-95451-369-7

Werner Schwanfelder
111 Orte in Mittelfranken, die man gesehen haben muss
ISBN 978-3-95451-336-9

Renate Bugyi-Ollert, Bernhard Horsinka, Angelika Baumgartner
111 Orte in und um Würzburg, die man gesehen haben muss
ISBN 978-3-95451-216-4

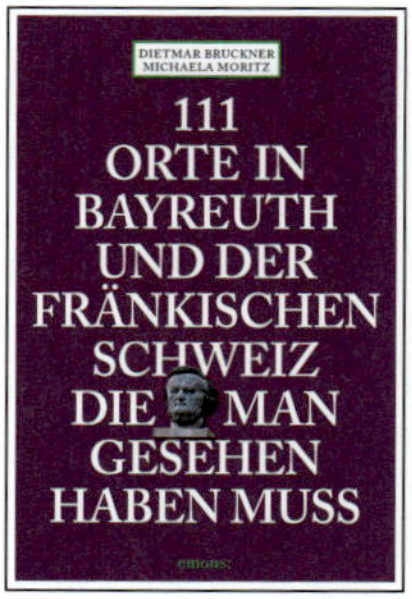

Dietmar Bruckner, Michaela Moritz
111 Orte in Bayreuth und der Fränkischen Schweiz, die man gesehen haben muss
ISBN 978-3-95451-130-3

Reiner Vogel, Maximilian Raab
111 Orte in Regensburg, die man gesehen haben muss
ISBN 978-3-95451-054-2

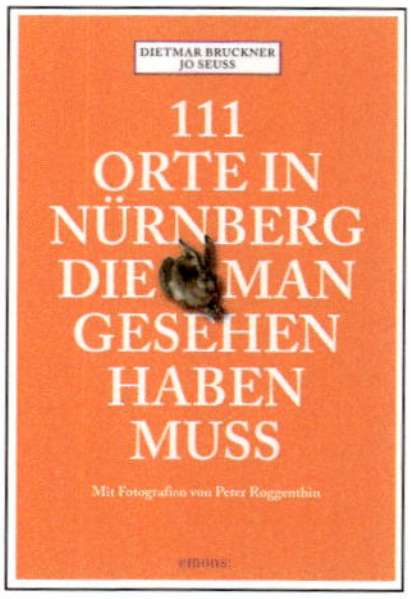

Dietmar Bruckner, Jo Seuß
111 Orte in Nürnberg, die man gesehen haben muss
ISBN 978-3-95451-042-9

Barbara Riess
111 Orte in Freiburg, die man gesehen haben muss
ISBN 978-3-95451-385-7

Lust auf mehr? Laden Sie sich die »LChoice«-App runter, scannen Sie den QR-Code und bestellen Sie weitere Bücher direkt in Ihrer Buchhandlung.

LChoice

Hier bestellen

Für meinen Papa

Die Frage, ob ich Jenenser oder Jenaer sei, beantworte ich stets mit Schulterzucken. Zum einen weil ich mir den Unterschied nicht merken kann, zum anderen weil es mir völlig egal ist. Was habe ich selbst dazu beigetragen, in Jena, Kassel, Prag oder Aleppo geboren worden zu sein? Nichts. Absoluter Zufall. Dass ich und viele andere Menschen in diesem Moment in Jena leben oder zu Gast sind, ist das Wichtigste.

Nach dem Studium in Dresden blieb die Frage, wo meine Eltern ihr zukünftiges Leben verbringen werden. Das blinde Zeigen auf eine Landkarte führte dazu, in Jena ein Leben aufzubauen. So willkürlich es auch ist, dass ich nun in Jena lebe, ist mir die Stadt trotzdem so wichtig, dass ich dieses Buch schreibe. Dafür spielen viele Menschen eine große Rolle: Meine Frau Franzi, die mich in allem unterstützt. Mein bester Kumpel Christoph, ohne den es die Möglichkeit gar nicht gäbe, zwei engste Freunde, BBB und Mimi, die mir stets Mut machen, und natürlich meine Familie, meine Eltern und Geschwister, die für mich zu Hause bedeuten. Widmen möchte ich dieses Buch aber meinem Papa. Er ist nicht in Jena geboren und trotzdem ist er die zentralste Figur für meine Verbundenheit zu dieser Stadt. Jeden Sonntagnachmittag ist er mit mir losgefahren und hat mir alle Ecken Jenas gezeigt. Das waren die besten Stadtführungen der Welt. Ich habe viele tolle Dinge gesehen und mit meinem Papa diese Stadt erschlossen. Als ich älter wurde, habe ich dann Freunden die Stadt gezeigt. Und jetzt schreibe ich dieses Buch.

Eine besondere Stadt, die gerade in schwierigen Zeiten eine starke Position hat, die Kraft gibt und in der es keine Rolle spielt, woher man kommt, wen man liebt, welcher Religion man angehört oder wie man aussieht. Eine Stadt, in der ich gerne lebe. Eine Stadt, die sehr langweilig und trotzdem etwas Besonderes sein kann. Jena hat mich geprägt. Danke Papa, dass du mir unsere Stadt gezeigt hast!

Der Autor

Matthias Pick wurde 1988 in Jena geboren. Seit 2004 am Theater aktiv, führte er Regie bei bisher acht Produktionen und arbeitete medial an vielen weiteren. Nach Abschluss seines Medienkunst-Studiums arbeitet er als selbstständiger Medienkünstler in den Bereichen Fotografie, Theater, Performance Art und Grafik. Als Fotograf und Autor der »111 Orte in Jena, die man gesehen haben muss« erfüllt er sich den Traum, sich seiner Heimatstadt zu widmen.
www.takeapick.de